Zahia Bidai

Routage Multi-Chemin dans les Réseaux de Capteurs Sans Fil (RCSFs)

Zahia Bidai

Routage Multi-Chemin dans les Réseaux de Capteurs Sans Fil (RCSFs)

Routage Multi-Chemin avec Qualité de Service pour le Transport d'un Trafic Scalaire/Multimédia dans les RCSFs

Presses Académiques Francophones

Impressum / Mentions légales
Bibliografische Information der Deutschen Nationalbibliothek: Die Deutsche Nationalbibliothek verzeichnet diese Publikation in der Deutschen Nationalbibliografie; detaillierte bibliografische Daten sind im Internet über http://dnb.d-nb.de abrufbar.
Alle in diesem Buch genannten Marken und Produktnamen unterliegen warenzeichen-, marken- oder patentrechtlichem Schutz bzw. sind Warenzeichen oder eingetragene Warenzeichen der jeweiligen Inhaber. Die Wiedergabe von Marken, Produktnamen, Gebrauchsnamen, Handelsnamen, Warenbezeichnungen u.s.w. in diesem Werk berechtigt auch ohne besondere Kennzeichnung nicht zu der Annahme, dass solche Namen im Sinne der Warenzeichen- und Markenschutzgesetzgebung als frei zu betrachten wären und daher von jedermann benutzt werden dürften.

Information bibliographique publiée par la Deutsche Nationalbibliothek: La Deutsche Nationalbibliothek inscrit cette publication à la Deutsche Nationalbibliografie; des données bibliographiques détaillées sont disponibles sur internet à l'adresse http://dnb.d-nb.de.
Toutes marques et noms de produits mentionnés dans ce livre demeurent sous la protection des marques, des marques déposées et des brevets, et sont des marques ou des marques déposées de leurs détenteurs respectifs. L'utilisation des marques, noms de produits, noms communs, noms commerciaux, descriptions de produits, etc, même sans qu'ils soient mentionnés de façon particulière dans ce livre ne signifie en aucune façon que ces noms peuvent être utilisés sans restriction à l'égard de la législation pour la protection des marques et des marques déposées et pourraient donc être utilisés par quiconque.

Coverbild / Photo de couverture: www.ingimage.com

Verlag / Editeur:
Presses Académiques Francophones
ist ein Imprint der / est une marque déposée de
OmniScriptum GmbH & Co. KG
Heinrich-Böcking-Str. 6-8, 66121 Saarbrücken, Deutschland / Allemagne
Email: info@presses-academiques.com

Herstellung: siehe letzte Seite /
Impression: voir la dernière page
ISBN: 978-3-8416-2892-3

Copyright / Droit d'auteur © 2014 OmniScriptum GmbH & Co. KG
Alle Rechte vorbehalten. / Tous droits réservés. Saarbrücken 2014

République Algérienne Démocratique et Populaire
Ministère de l'enseignement supérieur et de la recherche Scientifique
Université d'Oran

Faculté des Sciences Exactes et Appliquées
Département d'informatique

THÈSE
Présentée par

Zahia BIDAI

Pour l'obtention du

DIPLÔME DE DOCTORAT EN SCIENCES

Spécialité : Informatique

Intitulée

Routage Multi-Chemin avec Qualité de Service pour le Transport d'un Trafic Scalaire/Multimédia dans les Réseaux de Capteurs Sans Fil

Soutenue en : .... 2013 devant le jury :

Président	M^r. K. Mustapha RAHMOUNI	Prof. Université d'Oran
Directeur de thèse	M^r. Hafid HAFFAF	Prof. Université d'Oran
Examinateurs	Mme. Nacéra GHOUALMI	Prof. Université Badji Mokhtar de Annaba
	Mme. Moufida MAIMOUR	M.C. Université de Lorraine, France
	M^r. Mohamed BENMOHAMED	Prof. Université Mentouri de Constantine
	M^r. Majdi KADDOUR	M.C.A. Université d'Oran

Remerciements

Je remercie en priorité ALLAH TOUT PUISSANT de m'avoir donné le courage, la force, la patience et la volonté d'achever ce travail de thèse.

Une thèse ce n'est pas seulement un travail académique ou de recherche, c'est une expérience riche, tant au niveau professionnel qu'au niveau personnel. Mais mener à bien un tel projet n'aurait pas été possible sans le soutien de plusieurs personnes. Je souhaite leur exprimer ici toute ma reconnaissance et gratitude.

Je remercie en premier lieu mon directeur de thèse Monsieur le Professeur HAFFAF Hafid pour son encouragement et ses conseils qui m'ont permis de mener à bien cette thèse.

Mes remerciements les plus sincères vont à Madame MAIMOUR Moufida, Maître de conférences à l'université de Lorraine, pour sa disponibilité malgré la distance qui nous sépare, ses conseils pertinents, sa générosité et les nombreuses discussions fructueuses qui ont animé toutes ces années de thèse. Je la remercie également de m'avoir accueillie au sein du laboratoire CRAN à l'université de Lorraine.

Je tiens également à remercier Monsieur le Professeur RAHMOUNI Mustapha Kamel de la Faculté des Sciences Exactes et Appliquées de l'université d'Oran pour m'avoir fait l'honneur de présider le jury de ma soutenance.

Je remercie chaleureusement Madame GHOUALMI Nacéra, Professeur à l'université Badji Mokhtar de Annaba, Monsieur BENMOHAMED Mohamed, Professeur à l'université Mentouri de Constantine et Monsieur KADDOUR Mejdi, Maître de conférences classe A à la Faculté des Sciences Exactes et Appliquées de l'université d'Oran, pour l'intérêt qu'ils ont témoigné à mon travail en acceptant de l'examiner et l'évaluer.

Je tiens à remercier tout particulièrement Monsieur KECHAR Bouabdellah pour ses conseils et pour toutes les discussions enrichissantes que nous avons eu.

Ma pensée va également vers ma mère, mes sœurs et mes frères qui m'ont constamment soutenu dans mes projets d'études et d'avoir cru en moi.

Enfin, j'adresse mes plus sincères remerciements à mon mari qui m'a soutenu et encouragé dans tous les instants de ce travail et le grand merci à mes enfants qui sont ma raison de vivre. Merci pour votre patience, votre confiance et toutes vos valeurs.

À la mémoire de mon père

Résumé

L'émergence des applications avancées à haut débit et de multimédia dans les réseaux de capteurs sans fil (RCSF) suscite un réel intérêt auprès de la communauté des chercheurs. Ces applications sont caractérisées par une quantité de données volumineuse par rapport à celle des applications traditionnelles des RCSFs. En outre, la qualité de service (QdS) est désormais devenue une exigence fondamentale. Plusieurs travaux pour l'introduction de la QdS dans les RCSFs ont été proposés. L'approche du routage multi-chemin (*multipath routing*) est considérée parmi les mécanismes de QdS utilisés dans les RCSFs permettant de prendre en compte les besoins de telles applications. Un routage multi-chemin découvre plusieurs chemins entre un nœud source et un nœud destination particulier dans un RCSF. Ces chemins peuvent être utilisés simultanément pour répartir le trafic sur plusieurs chemins ou alternativement, comme chemins de secours, en cas de rupture de liens. Le routage multi-chemin peut offrir des avantages tels que l'équilibrage de charge, l'agrégation de la bande passante, la tolérance aux pannes et l'amélioration de la qualité de service. Cependant, son application pratique peut être confrontée à des problèmes majeurs tels que les collisions et les interférences.

La technologie IEEE 802.15.4/ZigBee, conçue à l'origine pour des applications à faible débit, s'adapte parfaitement aux caractéristiques et aux contraintes liées aux RCSFs, par conséquent, elle est devenue le standard des RCSFs le plus répandu aujourd'hui. Notre contribution dans cette thèse est double. Premièrement, nous proposons une extension multi-chemin à nœuds disjoints au routage hiérarchique spécifié pour ZigBee pour le transport d'un trafic intensif avec une QdS désirée via le réseau. Deuxièmement, pour améliorer les performances du réseau et remédier aux limites de ce standard en présence d'un flux de données important, à savoir, le problème d'interférences inter-chemin dues à l'utilisation simultanée de chemins multiples et le phénomène du nœud caché, nous apportons au protocole de routage proposé les améliorations suivantes : d'une part, nous minimisons les interférences en proposant une stratégie de sélection de chemins multiples de routage, d'autre part, nous améliorons la méthode d'accès au canal radio en proposant un mécanisme de détection et d'évitement de collisions.

Ces contributions ont été implémentées et évaluées sous l'environnement de simulation NS2. Les résultats obtenus confirment la performance du routage multi-chemin à nœuds disjoints couplé avec le mécanisme d'évitement de collisions par rapport à la version originale du routage prévu dans la norme ZigBee.

Mots-Clés

Réseaux de Capteurs Sans Fil, IEEE 802.15.4/ZigBee, Topologie Hiérarchique, Multimédia, Routage Hièrarchique, Routage Multi-chemin, MAC, Collisions, Interférences, Simulation.

Abstract

The emergence of advanced high data and multimedia applications in wireless sensor networks (WSN) raises real interest to the research community. These applications are characterized by a large amount of data compared to traditional applications of WSN. In addition, the quality of service (QoS) has now become a fundamental requirement. Many works about introducing QoS in WSN have been proposed. Multi-path routing approach is considered among the QoS mechanisms used in WSN and which can take into account the requirements of such applications. Multi-path routing finds multiple paths between a source node and a particular destination node in WSN. These paths can be used simultaneously to distribute traffic over multiple paths or alternatively, as backup paths, in case of links failure. Multi-path routing can provide benefits such as load balancing, bandwidth aggregation, fault tolerance and improvement of QoS. However, its practical application may be facing major problems such as collisions and interferences.

IEEE 802.15.4/ZigBee technology, originally designed for low data applications, adapts perfectly to the characteristics and constraints of WSN, therefore, it has become the most common standard of WSN today. Our contribution in this thesis is twofold. First, we propose a node disjoint multi-path routing extension of the hierarchical routing specified for ZigBee to transport heavy traffic with a desired QoS through the network. Second, to improve the network performance and address limitations of this standard in the presence of a heavy data rate, namely the inter-path interference problem due to the simultaneous use of multiple paths and the hidden node phenomenon, we make the following improvements on the proposed routing protocol : on one hand, we minimize the interference by proposing a strategy for selecting multiple routing paths, on the other hand, we improve the radio channel access method by providing a mechanism to detect and avoid collisions.

These contributions have been implemented and evaluated in NS2 simulation environment. The results confirm the performance of the node disjoint multi-path routing coupled with the avoidance collisions mechanism compared to the original version of the routing specified in the standard ZigBee. This work opens up new prospects for interesting research in this area.

Keywords

Wireless Sensors Networks, IEEE 802.15.4/ZigBee, Hierarchical Topology, Multimedia, Hièrarchical Routing, Multi-path Routing, MAC, Collisions, Interferences, Simulation.

Table des matières

Liste des figures   viii

Liste des tableaux   x

1 Introduction Générale   1
    1.1 Contexte et problématique de la thèse 1
    1.2 Contributions de la thèse 4
    1.3 Structure de la thèse 5

2 Généralités   7
    2.1 Introduction 7
    2.2 Les réseaux de capteurs sans fil 7
       2.2.1 Définition 7
       2.2.2 Plates-formes de nœuds capteurs sans fil 9
       2.2.3 Contraintes des RCSFs 12
       2.2.4 Domaines d'application des RCSFs : Du traditionnel vers le moderne . . 12
       2.2.5 Technologies sans fil pour les RCSFs 15
    2.3 La qualité de service dans les RCSFs 18
       2.3.1 Besoins de QdS 18
       2.3.2 Métriques de QdS 20
       2.3.3 Mécanismes de QdS au niveau routage 22
       2.3.4 Mécanismes de QdS au niveau MAC 24
       2.3.5 Niveaux de QdS 28
    2.4 La norme IEEE 802.15.4/ZigBee 28
       2.4.1 IEEE 802.15.4 28
       2.4.2 ZigBee 35
       2.4.3 Limites de la norme IEEE 802.15.4/ZigBee et les extensions proposées . 40
    2.5 Conclusion 43

3 Etat de l'art   45
    3.1 Introduction 45
    3.2 Le routage dans les RCSFs 45
    3.3 Le routage multi-chemin 48
       3.3.1 Facteurs de conception des protocoles de routage multi-chemin 49
       3.3.2 Taxonomie des protocoles de routage multi-chemin existants 52
       3.3.3 Routage multi-chemin et les interférences 60
       3.3.4 Discussion 61

	3.4 Le problème du nœud caché	64
	3.4.1 Techniques de gestion du problème du nœud caché	65
	3.4.2 Discussion	67
3.5	Conclusion	68
4	**Le protocole de routage multi-chemin *Z-MHTR***	**70**
4.1	Introduction	70
4.2	Le routage multi-chemin ZigBee	70
	4.2.1 Mécanismes de *Z-MHTR*	71
	4.2.2 Protocole de routage multi-chemin à nœuds disjoints	78
	4.2.3 Évaluation analytique	88
4.3	Simulation et résultats préliminaires	89
	4.3.1 Environnement de simulation	89
	4.3.2 Description du réseau et des scénarios	90
	4.3.3 Métriques de performance	92
	4.3.4 Interprétation des résultats	94
4.4	Conclusion	99
5	**Amélioration de *Z-MHTR***	**100**
5.1	Introduction	100
5.2	Le niveau d'interférence	100
	5.2.1 Calcul du niveau d'interférence d'un chemin	102
5.3	Le mécanisme d'évitement des collisions dues aux nœuds cachés	107
5.4	Simulation et interprétation des résultats	111
	5.4.1 Données scalaires	111
	5.4.2 Trafic vidéo	120
5.5	Conclusion	128
6	**Conclusion**	**130**
6.1	Contributions	130
6.2	Perspectives	131
Annexe		**134**
Bibliographie		**139**

Table des figures

2.1 Architecture simplifiée d'un nœud capteur sans fil. 8
2.2 (a) Diffusion (b) Convergecast. 8
2.3 (a) Architecture RCSF plate (b) Architecture RCSF en clusters 9
2.4 Exemples de plates-formes sans fil 10
2.5 Exemples de nœuds capteurs caméra 11
2.6 Exemples d'applications des RCSFs 13
2.7 Scénario d'application de surveillance vidéo 15
2.8 Exemples de topologies étoile et pair-à-pair 30
2.9 Structure de la supertrame 32
2.10 Modes de fonctionnement dans IEEE 802.15.4 33
2.11 Le protocole CSMA/CA 34
2.12 Distribution d'adresses dans une topologie cluster-tree 37
2.13 Exemple d'un chemin de routage hiérarchique de la source 24 à la destination 3. 39

3.1 Classification des protocoles de routage dans les RCSFs 47
3.2 Classification des protocoles de routage multi-chemin 49
3.3 Différents types de chemins de routage 50
3.4 Types de chemins de routage 50
3.5 Classification des protocoles de routage multi-chemin 52
3.6 Découverte de chemins et routage des données sur des chemins alternatifs [1] . . 54
3.7 Sélection de RN1 et BN1 [2] 56
3.8 Vitesse d'avancement du nœud A vers le nœud B en direction du $Sink$ 57
3.9 Problème du nœud caché 64
3.10 Transmission avec le mécanisme de réservation RTS/CTS 66
3.11 Exemple de regroupement de nœuds [3] 67

4.1 Pile protocolaire d'un nœud du réseau 71
4.2 Exemple d'un réseau de capteurs sans fil : le $Sink$ est le PAN du réseau 72
4.3 RCSF après la formation de la topologie cluster-tree 73
4.4 Topologie cluster-tree logique : le nœud $Sink$ est la racine 74
4.5 Topologie cluster-tree logique avec étiquetage hiérarchique 75
4.6 Exemple de découverte de chemins à nœuds disjoints de la source s vers le $Sink$ 86
4.7 Exemple de topologie de RCSF 90
4.8 Différents cas de collisions et d'interférences 93
4.9 Pourcentage de livraison de paquets PLP 94
4.10 Interférences inter et intra chemins 95

4.11	Collisions intra-chemin	96
4.12	Collisions au niveau du $Sink$	96
4.13	Délai moyen de bout en bout	97
4.14	Durée de vie du réseau	98
4.15	Débit de données	98
5.1	Transmission sans fil avec écoute passive	101
5.2	Calcul du niveau d'interférence des chemins	103
5.3	collision due : (a) à une transmission simultanée (b) aux nœuds cachés	109
5.4	Format du paquet NACK	109
5.5	Diagramme temporel de l'étape de traitement de collisions de HNCM	111
5.6	Exemple de topologie de RCSF	112
5.7	Pourcentage de livraison de paquets	114
5.8	Interférences inter et intra chemins	115
5.9	Collisions intra-chemin	115
5.10	Collisions au niveau du $Sink$	116
5.11	Délai moyen de bout en bout	116
5.12	Durée de vie du réseau	117
5.13	Débit de données	117
5.14	Collisions au niveau du $Sink$	118
5.15	Délai moyen de bout en bout	119
5.16	Débit de données	119
5.17	Un modèle GoP MPEG-4 typique	121
5.18	Modèle d'interaction entre différents outils	122
5.19	Taux de perte de paquets	125
5.20	Taux de perte des différents types de frames	126
5.21	Délai moyen de bout en bout	126
5.22	PSNR	127
5.23	SSIM	128
1	Structure de la trame du niveau physique	135
2	Structure de la trame beacon	136
3	Structure de la trame data	136
4	Structure de la trame ack	136
5	Structure de la trame de service	136
6	Structure du paquet du niveau réseau	137
7	Structure du paquet de données NWK	137
8	Structure du paquet de commande NWK	138
9	Structure du paquet de demande de chemin NWK	138
10	Structure du paquet de la réponse du chemin NWK	138
11	Structure du paquet d'erreur NWK	138

Liste des tableaux

2.1 Comparaison entre les caractéristiques de nœuds capteurs sans fil. 11
2.2 Comparaison entre différentes technologies sans fil WPAN. 17
2.3 Récapitulatif de la couche physique dans IEEE 802.15.4 30

3.1 Résumé sur les différents protocoles de routage multi-chemin présentés 62

4.1 Règles de priorité appliquées par le nœud source S 82
4.2 Règles de priorité appliquées par le nœud intermédiaire C 84
4.3 Paramètres de simulation 91
4.4 Paramètres de CSMA/CA 92

5.1 Calcul des $TNI(P)$ et $NI(P)$ relatifs à l'exemple de la figure 5.2. 106
5.2 Paramètres de simulation 113
5.3 Paramètres de simulation (données scalaires) 113
5.4 Paramètres de simulation (trafic vidéo) 123
5.5 Conversion possible entre PSNR et MOS [4] 128

Chapitre 1

Introduction Générale

1.1 Contexte et problématique de la thèse

Le paradigme de l'informatique ubiquitaire (*ubiquitous computing*) et le nouveau concept de l'Internet des objets (*Internet of things*) sont devenus désormais une réalité et ont connu un essor remarquable ces dernières années en s'imposant progressivement et sûrement dans notre quotidien. Aujourd'hui, le savoir acquis dans les technologies des micro-systèmes électromécaniques (MEMS), des communications sans fil et de l'électronique numérique a permis la conception et le développement de nœuds capteurs de petite taille, à faible coût de fabrication et à faible consommation d'énergie. Ces nœuds capteurs sont devenus des éléments incontournables dans tous les systèmes où les informations issues de l'environnement extérieur sont nécessaires pour évaluer et agir. De ce fait, avoir une connaissance précise et complète sur ce milieu exige le déploiement de plusieurs nœuds capteurs formant ainsi un réseau, appelé réseau de capteurs sans fil (RCSF) [5][6]. Les nœuds capteurs collectent les informations environnementales, parfois les traitent et les envoient à d'autres nœuds, en utilisant une communication multi-saut sans fil, jusqu'à atteindre la station de base, appelée également le nœud puits (*Sink*). Ce modèle de communication de plusieurs-à-un (*many-to-one*) est connu sous le nom de convergecast.

Les RCSFs souvent exigent la nécessité de rester opérationnels pour plusieurs mois, voire des années, sans la moindre intervention humaine sur le site de déploiement, ce qui signifie que l'efficacité énergétique est la caractéristique fondamentale d'un RCSF. Une autre caractéristique intéressante des réseaux de capteurs est leur scalabilité, ce qui permet au réseau d'être en mesure d'ajouter et de supprimer des nœuds capteurs sans reconfiguration ou interruption de l'activité du réseau. Par conséquent, pour satisfaire cette exigence, les RCSFs fonctionnent généralement avec une architecture distribuée multi-saut. Comme les nœuds capteurs sont déployés en grand nombre, ils nécessitent donc une conception à faible coût, ce qui conduit à des contraintes de ressource disponibles au niveau de chaque nœud capteur. En conséquence, les exigences essentielles des réseaux de capteurs sont les suivants : faible coût, l'efficacité énergétique et la scalabilité qui doivent être prises en compte pour toute conception liée aux RCSFs.

Traditionnellement, les RCSFs ont été destinés à être utilisés dans des applications de surveillance de l'environnement et de l'habitat [7][8]. Dans ces applications, les nœuds capteurs sont équipés de capteurs de température, d'humidité ou de pression et ils fonctionnent selon

1.1 Contexte et problématique de la thèse

de faibles cycles d'activité (*duty cycle*), c'est à dire, qu'ils se réveillent, par exemple, toutes les heures pour collecter une mesure et transmettre des données, via un canal de communication sans fil, à la station de base (*Sink*). En conséquence, les quantités de données de ces applications qui transitent via le réseau étaient relativement faibles et n'ont généralement aucune exigence de qualité de service (QdS).

La flexibilité des réseaux de capteurs a suscité plus d'intérêt aux applications avancées. Les systèmes de surveillance de l'état des structures publiques [9], les systèmes de soins médicaux de l'être humain [10] et les systèmes de surveillance à distance de processus industriels [11][12] sont quelques exemples d'applications. De plus, étant donné les efforts remarquables fournis dans le domaine de la miniaturisation du matériel, les systèmes embarqués, les techniques de codage de source multimédia et la disponibilité de matériels bon marché tels que les caméras CMOS, la carte multimédia Imote2 de Crossbow [13] et les microphones, un petit capteur peut être équipé de modules de collecte d'informations visuelles et audio. Ces capteurs sont habilités à capturer des informations multimédia (vidéo, son, images et texte) de l'environnement, à traiter et transmettre ces données au *Sink*, ce qui a facilité le développement d'une nouvelle classe de réseaux appelée *réseaux de capteurs multimédia sans fil* (RCMSF). Ce type de réseau peut améliorer les applications déjà existantes des réseaux de capteurs (telles que la domotique et le contrôle environnemental), mais favorisera également la réalisation de nouvelles applications, comme la surveillance vidéo, la gestion du trafic routier (évitement d'embouteillage du trafic, contrôle de vitesse, etc.), l'assistance aux personnes agées ou handicapées et le monitoring des processus industriels (inspection visuelle, actions automatisées, etc.). Toutes ces nouvelles applications sont caractérisées par une quantité de données volumineuse. En conséquence, la charge de trafic dans le réseau a augmenté de dizaines voire de centaines de fois par rapport à celle des applications traditionnelles et la qualité de service est désormais devenue une exigence fondamentale. Comme nous pouvons le prédire, l'architecture des RCSFs traditionnels ne peut pas satisfaire complètement les exigences de ces applications haut débit. En effet, l'architecture actuelle des RCSFs est optimisée pour des scénarios à faible cycle d'activité suffisant pour un trafic à faible débit, la performance du réseau diminue rapidement dans un scénario à forte charge de trafic, ce qui limite l'application des RCSFs dans ces applications modernes.

Le routage mono-chemin (*mono-path routing*) dans les RCSFs permet seulement d'acheminer les paquets de données sur un seul chemin, ce qui ne répond pas aux exigences de qualité de service des applications haut débit en termes de débit et de délai de transmission des données. Une approche possible permettant le support du trafic intense dans des environnements imposant des contraintes de ressources consiste à utiliser la technique du routage multi-chemin (*multi-path routing*). L'approche du routage multi-chemin est un domaine de recherche actif sur les protocoles de routage avec gestion de la QdS pour les réseaux filaires et sans fil. Ces dernières années, cette technique a également été employée comme une approche efficace pour fournir la QdS dans les réseaux sans fil [14].

Afin de satisfaire les exigences de QdS des applications haut débit dans les réseaux de capteurs, il devient évident que la découverte et l'exploitation de plusieurs chemins entre un nœud source et sa destination (*Sink*) peut favoriser l'augmentation du débit entre deux nœuds communicants. Ainsi, le débit de données important de ces applications peut être réparti sur plusieurs chemins plutôt que d'être acheminé sur un mono-chemin. De cette façon, une utilisation plus équilibrée des ressources est assurée et les nœuds impliqués dans la transmission

1.1 Contexte et problématique de la thèse

de données le long de chaque chemin sont moins stressés (en termes de débit et de consommation d'énergie) par rapport au scénario mono-chemin, ce qui les rendent donc en mesure de gérer l'exigence de débit de données avec plus d'efficacité. Les chemins à nœuds disjoints sont souvent préférés puisque un nœud partagé entre plusieurs chemins n'est pas en mesure de transmettre des paquets provenant de différents chemins simultanément. Les nœuds partagés augmentent en général le délai d'attente dans les files d'attente et le délai de bout en bout.

Malheureusement, le paradigme de routage multi-chemin dans le milieu sans fil se confronte à quelques défis liés à la nature de diffusion du support sous-jacent. En effet, la transmission simultanée de données à travers de multiples chemins dans un réseau sans fil crée des problèmes d'interférences inter-chemin. Ce sont des interférences radio qui peuvent exister entre des nœuds appartenant à des chemins différents. Un autre phénomène très connu dans les communications sans fil est celui des collisions qui sont principalement dues au problème du nœud caché. Quand deux nœuds cachés l'un de l'autre (ne se trouvent pas dans la même portée radio l'un de l'autre) envoient simultanément des données vers un même récepteur, une collision peut alors se produire à son niveau. Tous ces problèmes entraînent une dégradation sévère de la performance du réseau en termes de perte de paquets, débit, délai de bout en bout et de la consommation d'énergie. Par conséquent, dans le milieu sans fil, les interférences inter-chemins et le problème du nœud caché doivent être pris en compte lors de la conception de protocoles de routage multi-chemin afin d'assurer un bon rendement en termes de fourniture de la QdS exigée par les applications haut débit ou multimédia.

Un grand nombre de travaux ont été effectués dans le domaine du routage multi-chemin pour les réseaux de capteurs sans fil, des centaines de nouveaux protocoles ont vu le jour [15][16]. Il est vrai que ces protocoles ont tous apporté à leur manière des solutions intéressantes aux objectifs fixés par les différentes applications du RCSF, mais le constat que nous faisons ici est que malgré toutes ces propositions plus originales les unes que les autres, aucun consensus n'en est sorti. Notre opinion est que le standard IEEE 802.15.4/ZigBee, conçu à l'origine pour les réseaux personnels sans fil à faible débit (*Low Rate Wireless Personal Area Networks : LR-WPAN*), représente le meilleur compromis pour les RCSFs et un champ d'études très prometteur pour investiguer le concept de routage multi-chemin dans ce standard. Dans ce travail de thèse nous nous focalisons sur la norme IEEE 802.15.4/ZigBee.

Le premier standard proposé est ZigBee [17]. ZigBee est devenue la technologie la plus répandue pour les RCSFs. Elle s'appuie sur le standard IEEE 802.15.4 [18] pour les couches basses (physique et MAC (*Medium Access Canal*)) et propose ensuite ses propres couches supérieures (réseau et application). La majorité des nœuds capteurs sans fil, par exemple, MICAz [19] supporte complètement la pile protocolaire ZigBee et Waspmote vidéo [20] (en cours d'extension). C'est une technologie caractérisée par une faible consommation d'énergie, un faible coût, un faible débit de transmission, un court délai, une grande fiabilité, une extensibilité élevée, une haute sécurité et une licence de bande de fréquences libre. Elle offre trois types de topologies : en étoile, hiérarchique et maillée. Par conséquent, elle s'adapte parfaitement aux caractéristiques et aux contraintes liées aux RCSFs ainsi qu'à leurs applications traditionnelles. Néanmoins, cette technologie à faible débit, présente certaines limites au niveau des couches réseau et MAC qui rend difficile le transport d'un trafic haut débit, notamment le multimédia dans les réseaux basés sur ZigBee. En effet, le routage mono-chemin hiérarchique spécifié par ZigBee ne peut pas offrir une bande passante nécessaire pour le transport d'une charge de trafic élevée. Quant au niveau MAC, le standard IEEE 802.15.4, utilise la méthode d'accès au canal CSMA/CA (*Carrier Sense Multiple Access/Collision Avoidance*). Ce protocole offre de bonnes performances dans le cas où la charge du réseau est faible. Cependant, ces performances se dégradent en présence d'un trafic intense à cause des collisions dues principalement au problème du nœud caché. La technologie ZigBee, telle qu'elle est exploitée avec ses spécificités aux niveaux routage et MAC est à notre avis inadaptée au support de la QdS, en termes de bande passante, exigée par les applications haut débit et multimédia.

Cette problématique nous a motivé à poser les deux questions suivantes : 1) Est-il possible de rendre les réseaux ZigBee à faible débit capables de transporter un trafic haut débit avec des QdS désirées ? et 2) Si oui, comment améliorer les performances de la technologie ZigBee en conservant la plupart de ces caractéristiques ?

1.2 Contributions de la thèse

La technologie ZigBee est relativement récente. Peu de travaux de recherches ont été menés dans ce domaine et beaucoup d'autres problématiques de recherches restent encore à soulever. En effet, au début de notre projet de thèse, peu de travaux sur le transport du trafic intensif, tel que le multimédia, dans des RCSFs basés sur la technologie ZigBee étaient référencés [21][22][23]. Ces travaux ont proposé en général des solutions et des améliorations au niveau MAC du protocole IEEE 802.15.4 pour permettre la transmission des données multimédia dans les réseaux IEEE 802.15.4. À notre connaissance, il n'y avait quasiment aucun travail de recherche sur la conception et l'implémentation d'un protocole de routage multi-chemin dans de tels réseaux. Étant donné les perspectives applicatives prometteuses des réseaux de capteurs ZigBee notamment dans le domaine du transport du trafic à haut débit, l'objectif de la thèse consiste à concevoir et à implémenter de nouveaux algorithmes de routage et d'accès au canal permettant d'augmenter le potentiel de performance de ces réseaux. Dans le but de fournir la QdS en termes de bande passante nécessaire aux applications haut débit/ multimédia, nous avons proposé : d'une part, au niveau réseau, un routage multi-chemin en utilisant simultanément des chemins qui ne s'interfèrent pas et d'autre part, au niveau MAC, un mécanisme de détection et d'évitement de collisions. En conséquence, l'application de ces deux mécanismes, conduit à une diminution du taux de perte, du délai de transmission de données et de la consommation d'énergie qui a un impact direct sur la durée de vie du réseau.

Le présent travail fournit les contributions suivantes :

- Nous proposons une extension multi-chemin du protocole de routage hiérarchique ZigBee, appelé *Z-MHTR* (*ZigBee Multi-path Hierarchical Tree Routing*), basée sur les liens père-fils de la topologie cluster-tree et les liens de voisinage de type non père-fils. Les chemins construits sont à nœuds disjoints.

- L'analyse du comportement du protocole de routage multi-chemin nous a permis de remarquer d'une part, que pour assurer une transmission multi-chemin simultanée efficace des données dans le réseau, uniquement des chemins à radio disjoints (ayant un minimum d'interférences inter-chemin) doivent être sélectionnés et d'autre part, qu'en l'absence d'un trafic intense, le réseau fonctionne normalement. Par contre, lorsque la charge du trafic augmente, les collisions, en particulier, au niveau du *Sink*, deviennent le principal obstacle à la maximisation du débit de données dans le réseau. Ces collisions sont principalement dues au problème du nœud caché dont aucun mécanisme de protection contre ce problème n'est définit dans le standard IEEE 802.15.4. Partant de ce constat, nous prouvons donc la nécessité de définir une stratégie permettant de détecter et d'éviter ce type de collisions dans un tel environnement. La deuxième contribution consiste donc à apporter des améliorations à notre protocole *Z-MHTR* : nous introduisons une nouvelle métrique pour le calcul du niveau d'interférence de chaque chemin permettant de choisir les chemins à radio disjoints et nous proposons un simple mécanisme, au niveau MAC, visant à prendre en charge le problème du nœud cachë afin d'atténuer ses effets négatifs.

– Grâce à des évaluations détaillées et complètes par simulation, nous démontrons l'amélioration des performances de *Z-MHTR* par rapport au protocole de routage hiérarchique mono-chemin en termes de taux de livraison de données, de débit de données, de délai de transmission et de la durée de vie du réseau.

Ces contributions permettent de maximiser le débit des données dans le réseau et visent également à réduire le temps de transmission, améliorer le taux de livraison de données et prolonger la durée de vie du réseau.

1.3 Structure de la thèse

La suite du manuscrit est organisée comme suit :

Le chapitre 2, présente quelques généralités sur les RCSFs et la qualité de service dans les RCSFs. Plusieurs technologies et standards sont présentés et comparés. Nous nous focalisons plus particulièrement sur la norme IEEE 802.15.4/ZigBee. Après la description de cette norme, nous citons certaines de ses limites au regard des applications haut débit que nous proposerons de résoudre par la suite, dans les chapitres suivants.

Le chapitre 3, présente l'état de l'art sur le routage mono et multi chemin ainsi que sur les différentes techniques de gestion du problème du nœud caché dans les réseaux sans fil.

Le chapitre 4, présente notre première contribution liée au routage multi-chemin à nœuds disjoints dans les réseaux de capteurs ZigBee. Nous décrivons les détails de notre protocole de routage qui est une extension multi-chemin du routage hiérarchique mono-chemin du standard ZigBee. Nous effectuons une analyse du comportement du routage multi-chemin ainsi qu'une comparaison de performances par rapport au protocole de routage mono-chemin à travers un ensemble de simulations, sous différents scénarios de trafics, à l'aide de l'outil de simulation NS2 (*Network Simulator 2*). Enfin, nous discutons les résultats de simulation obtenus qui nous ont permis d'identifier les insuffisances du protocole proposé et de la norme IEEE 802.15.4/ZigBee en présence d'un trafic de données important.

Le chapitre 5, apporte des améliorations à la première version du protocole de routage

1.3 Structure de la thèse

multi-chemin à nœuds disjoints. Nous proposons, d'une part, une nouvelle politique de sélection de chemins de routage basée sur le calcul d'une métrique exprimant le niveau d'interférence de chaque chemin et d'autre part, une amélioration de la méthode d'accès au canal sans fil en lui intégrant un mécanisme de detection et d'évitement de collisions dues au problème du nœud caché. Nous évaluons par simulation les performances de cette version améliorée du routage multi-chemin en considérant, dans un premier temps, un trafic de type scalaire ensuite un trafic de type vidéo. Les résultats obtenus montrent la supériorité du routage multi-chemin amélioré par rapport au routage mono-chemin pour le transport de données volumineuses dans les réseaux IEEE 802.15.4/ZigBee.

Le chapitre 6, termine ce manuscrit par une conclusion générale. Nous rappelons les différentes contributions réalisées tout au long de ce travail de recherche et nous présentons les perspectives de recherche de ce travail.

Chapitre 2

Généralités

2.1 Introduction

Ce chapitre présente le contexte dans lequel nous avons mené nos travaux de recherche de cette thèse. Il est découpé en quatre sections. Dans la première section, nous commençons par une introduction détaillée sur les réseaux de capteurs sans fil (RCSF) en insistant sur leurs spécificités et en citant quelques exemples de domaines d'application en mettant l'accent plus particulièrement sur les applications haut débit. Dans la seconde section, nous présentons la qualité de service (QdS) liée étroitement aux applications haut débit telle que le multimédia dans les RCSFs. Nous détaillons ensuite, dans la troisième section, la norme IEEE 802.15.4/ZigBee qui constitue les deux principaux standards actuels proposés pour les réseaux de capteurs sans fil et dans laquelle s'inscrit notre contribution. Nous expliquons les différentes fonctionnalités de ces deux standards en insistant sur la couche MAC et la couche réseau. Nous verrons dans cette section que ces deux technologies sont intimement liées, mais aussi qu'elles présentent certaines limites que nous proposerons de résoudre par la suite, dans les chapitres 4 et 5. La quatrième section conclut ce chapitre.

2.2 Les réseaux de capteurs sans fil

2.2.1 Définition

Les réseaux de capteurs sans fil (RCSFs) sont des réseaux Ad hoc [24] généralement constitués de plusieurs dizaines à plusieurs centaines d'entités autonomes miniaturisées à faible coût, appelées nœuds capteurs, limitées en ressources énergétiques et en capacité de calcul et pouvant communiquer entre eux par liaison radio. Les nœuds peuvent être fixes ou mobiles. Ils peuvent être au courant de leur position géographique et peuvent être homogènes ou non. Chaque nœud est composé d'un capteur, d'une unité de traitement de l'information, d'un bloc de communication et d'une batterie (Figure 2.1). Il doit être en mesure de traiter les données reçues, de prendre une décision locale et de la communiquer aux nœuds voisins auxquels il est connecté.

Les nœuds communiquent de proche en proche en échangeant des messages multi-saut pour atteindre le nœud passerelle, appelé $Sink$, qui à son tour communique avec un centre de contrôle via un réseau de transport (Internet, satellite, etc.) [6]. Une fois que les données sont collectées par le $Sink$, elles peuvent soient être enregistrées et stockées pour une analyse

2.2 Les réseaux de capteurs sans fil

future, ou peuvent être traitées immédiatement afin de prendre certaines mesures en fonction des besoins de l'application. Ce paradigme de communication de plusieurs-à-un dans lequel les données sont acheminées à partir de nombreux nœuds à un nœud unique est connu sous le nom de *convergecast*. Nous pouvons considérer le *convergecast* comme étant l'opposé à la diffusion (*broadcast*) ou à la multidiffusion (*multicast*), dans lequel les données sont transmises à partir d'un seul nœud vers un ensemble de nœuds dans le réseau. La figure 2.2 montre un exemple simple illustrant les caractéristiques de la diffusion et du *convergecast*. Lors d'une émission, comme le montre la figure 2.2(a), le nœud s est la source du message et les nœuds a,b et c sont les destinataires. Le nœud a entend le message directement à partir de s et transmet une copie aux nœuds b et c. Dans le cas de *convergecast*, comme montré dans la figure 2.2(b), chacun des nœuds a, b et c a un message destiné au nœud $Sink$ s et a sert de relais pour les nœuds b et c.

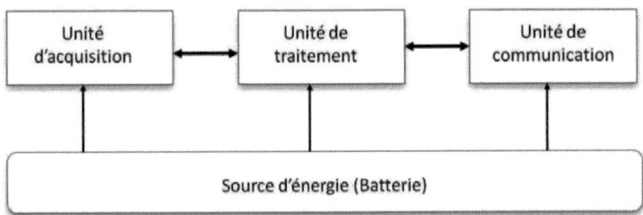

FIGURE 2.1 – Architecture simplifiée d'un nœud capteur sans fil.

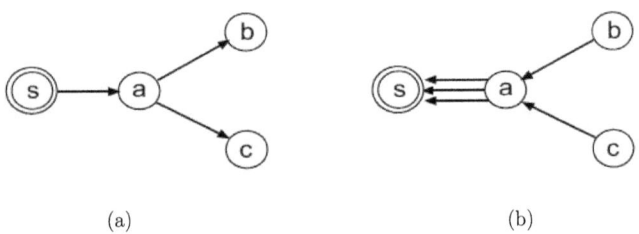

(a)   (b)

FIGURE 2.2 – (a) Diffusion (b) Convergecast.

D'autre part, les RCSFs peuvent être organisés selon deux sortes de topologies : plate et hiérarchique. Dans un RCSF en topologie plate tous les nœuds sont homogènes et jouent le même rôle excepté le nœud $Sink$. Cette topologie convient aux petits réseaux parce qu'elle est facile à gérer et à implémenter. Quand le nombre de nœuds augmente, la topologie hiérarchique devient intéressante. Elle a un trafic unidirectionnel, à partir des nœuds feuilles jusqu'au nœud racine, c-à-d les nœuds fils communiquent seulement avec leurs parents directs. Les RCSFs qui contiennent typiquement des centaines de nœuds et qui doivent être

2.2 Les réseaux de capteurs sans fil

facilement extensibles trouvent cette architecture très intéressante, surtout qu'ils ont le même modèle de flux de données où les données sont collectées au niveau des nœuds feuilles (les capteurs) et transmises à la racine (le $Sink$). Une sous-classe des topologies hiérarchiques est celle des topologies hiérarchiques en clusters. Dans ce cas, les nœuds capteurs sont regroupés en cluster. À l'intérieur de chaque cluster, un nœud agit en tant que chef du cluster (*cluster-head*). Les cluster-heads forment une structure hiérarchique permettant de relayer les données jusqu'au $Sink$. Les architectures hiérarchiques en clusters sont largement utilisées dans les RCSFs [25] grâce à leurs caractéristiques qui les rendent très adaptées à ce type de réseaux. La figure 2.3 montre ces deux types d'architecture de RCSF.

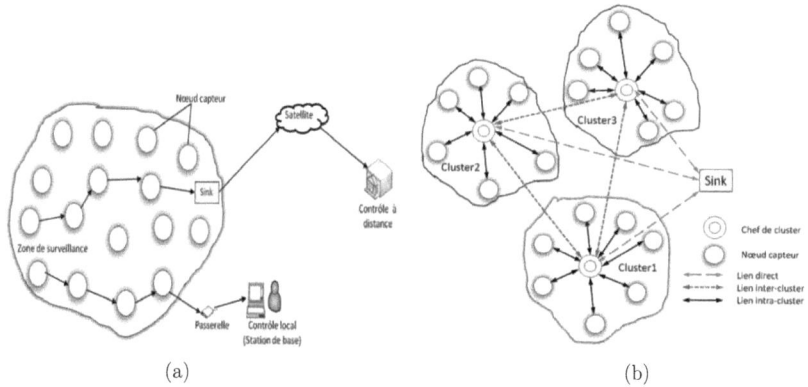

FIGURE 2.3 – (a) Architecture RCSF plate (b) Architecture RCSF en clusters

2.2.2 Plates-formes de nœuds capteurs sans fil

Il existe plusieurs types de nœuds capteurs sans fil qui peuvent être utilisés pour la capture des données scalaires et/ou multimédia. La plupart d'entre eux sont des produits commerciaux comme le montre la figure 2.4. En fonction de leur puissance de traitement et leur capacité de stockage, ces nœuds capteurs sans fil peuvent être classés en trois catégories [16] :

Plates-formes de la classe légère : cette catégorie contient des nœuds capteurs qui sont initialement conçus pour détecter et capturer des données scalaires, telles que la température, la lumière, l'humidité, etc, et leur principale préoccupation est de consommer moins d'énergie que possible. Par conséquent, ces nœuds capteurs ont une faible puissance de traitement et de petits espaces de stockage et la plupart sont équipés d'un chipset de communication de base (par exemple, le chipset CC2420 compatible avec le standard IEEE 802.15.4). Le chipset CC2420 ne consomme que 17,4 et 19,7 mA pour l'envoi et la réception, respectivement, et a une puissance d'émission maximale de 0 dBm avec un débit de données de 250 kbps. La table 2.1 montre, dans sa première partie,

2.2 Les réseaux de capteurs sans fil

FIGURE 2.4 – Exemples de plates-formes sans fil

des exemples de nœuds capteurs sans fil de la classe légère tels que la famille-Mica des nœuds capteurs [19] et FireFly [26] et compare leurs caractéristiques.

Plates-formes de la classe intermédiare : les plates-formes de cette seconde classe ont de meilleures capacités de calcul et de traitement et plus de mémoire de stockage que ceux de la classe légère. Cependant, ils sont également équipés d'un module de communication à faible débit de données. Tmote Sky [27] est un exemple de la classe des plates-formes intermédiaires conçu par Moteiv (Sentilla) qui utilise la radio Chipcon CC2420 pour IEEE 802.15.4/ZigBee avec un débit de données maximum de 250 kbps.

Plates-formes de la classe PDA : les plates-formes de cette catégorie sont plus puissantes en termes de capacité de calcul et de traitement, elles sont conçues pour manipuler des données de type multimédia de manière rapide et efficace. Ces plates-formes peuvent fonctionner avec différents systèmes d'exploitation (Linux, TinyOs, etc.) et supportent plusieurs modules de communication avec différents débits de données (IEEE 802.15.4, IEEE 802.11 et Bluetooth). Cependant, elles consomment beaucoup plus d'énergie. Stargate et Imote2 sont deux exemples de cette catégorie. Imote2 [13] conçue par Intel et fabriquée par Crossbow [28] intègre une radio 802.15.4 (CC2420) avec 2.4 GHz.

Les caractéristiques des trois catégories de plates-formes que nous avons évoqué ci-dessus, peuvent être incapables de répondre aux exigences d'un flux multimédia qui nécessite des capacités de traitement et de stockage importantes vue la complexité des algorithmes de compression et de codage multimédia. Par conséquent, un capteur caméra peut être couplé avec des ressources supplémentaires en termes de mémoire et de processeur avant de retransmettre les données traitées au nœud capteur pour une communication sans fil. La figure 2.5 montre des exemples de produits commerciaux des plates-formes des nœuds capteurs caméra utilisées dans les RCSF multimédia.

2.2 Les réseaux de capteurs sans fil

	Nœud capteur sans fil	Microcontrôleur	Mémoire		Radio	Débit de données
			RAM	Flash Mémoire		
Classe légère	Mica2	ATmega128L (8 bit) 7.37 MHz	4 KB	512 KB	CC1000	38.4 Kbps
	Mica2Dot	ATmega128L (8 bit) 4 MHz	4 KB	512 KB	CC1000	38.4 Kbps
	MicaZ	ATmega128L (8 bit) 7.37 MHz	4 KB	512 KB	CC2420	250 Kbps
	FireFly	ATmega1281 (8 bit) 8 MHz	8 KB	128 KB	CC2420	250 Kbps
Classe Intermédiaire	Tmote Sky	MSP430 F1611 (16 bit) 8 MHz	10 KB	48 KB	CC2420	250 Kbps
	TelosB	TI MSP430 (16 bit) 8 MHz	10 KB	1 MB	CC2420	250 Kbps
Classe PDA	Imote2	PXA271 XScale (32 bit) 13 – 416 MHz	256 KB + 32MB SDRAM	32 MB	CC2420	250 Kbps
	Stargate	PXA255 XScale (32 bit) 400 MHz	64 MB	32 MB	CC2420 Bluetooth IEEE 802.11	250 Kbps 1 – 3 Mbps 1 – 11 Mbps

TABLE 2.1 – Comparaison entre les caractéristiques de nœuds capteurs sans fil.

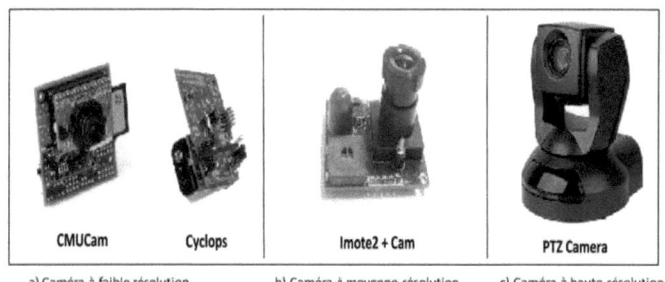

a) Caméra à faible résolution   b) Caméra à moyenne résolution   c) Caméra à haute résolution

FIGURE 2.5 – Exemples de nœuds capteurs caméra

2.2.3 Contraintes des RCSFs

Bien qu'ils fassent partie du domaine des réseaux Ad-hoc, les réseaux de capteurs sans fil forment une branche de recherche à part. Cependant, ils ont une contrainte en commun qui est le média sans fil partagé. Ce partage fait que la bande passante réservée à un nœud est limitée. D'autres contraintes sont liées aux RCSFs telles que :

- **Consommation d'énergie :** puisque la taille des nœuds de capteurs est réduite, la batterie a une capacité faible et l'énergie disponible est très limitée. Malgré cette rareté de l'énergie, le réseau devrait fonctionner pendant une durée relativement longue. Étant donné que le remplacement/rechargement des batteries est généralement impossible, l'un des principaux objectifs de conception de protocoles est d'utiliser cette quantité limitée d'énergie le plus efficacement possible.

- **Scalabilité :** un réseau de capteurs peut contenir des milliers de nœuds. Le facteur de scalabilité des protocoles pour les RCSFs doit donc être pris explicitement en considération pendant la phase de conception.

- **Faible coût de production :** puisque les capteurs sont déployés par milliers, leur coût de production doit rester aussi faible que possible. Ceci induit d'autres contraintes, principalement matérielles (faible capacité de mémoire, faible puissance de calcul, etc.). En effet, optimiser le coût de production revient à optimiser le coût des composants matériels.

- **Tolérance aux pannes :** certains nœuds peuvent générer des erreurs ou ne plus fonctionner à cause d'un problème d'interférence, d'un manque d'énergie ou d'un problème physique. Ces problèmes ne doivent pas affecter le bon fonctionnement du reste du réseau, c'est le principe de la tolérance aux pannes.

2.2.4 Domaines d'application des RCSFs : Du traditionnel vers le moderne

Les applications des réseaux de capteurs sans fil sont nombreuses et variées (Figure 2.6). Grâce à leur facilité de déploiement et leur faible coût, ces réseaux sont en train de pénétrer dans tous les aspects de notre vie et la recherche dans ce domaine ne peut que continuer à prospérer. Akyldiz et al. [5] proposent cinq grandes familles d'applications.
D'abord, les applications militaires dont l'exemple typique est le déploiement d'un réseau de capteurs dans un endroit stratégique ou difficile à accéder afin de surveiller toutes les activités des forces ennemies ou d'analyser le terrain avant d'y envoyer des troupes par la détection d'agents chimiques, biologiques ou de radiations, par exemple. La seconde classe concerne les applications pour l'environnement. Dans ce domaine, nous pouvons mentionner des applications comme par exemple la détection de feux de forêts, la détection d'inondation, la surveillance du degré de maturité des récoltes, la mesure de la qualité de l'eau ou de l'air, le recensement et la surveillance d'animaux, etc. Dans le domaine médical, l'utilisation des réseaux de capteurs peut permettre une surveillance permanente des patients et une possibilité de collecter des informations physiologiques de meilleure qualité, facilitant ainsi le diagnostic de maladies grâce à des micro-capteurs qui pourront être ingérés ou implantés sous la peau. La

2.2 Les réseaux de capteurs sans fil

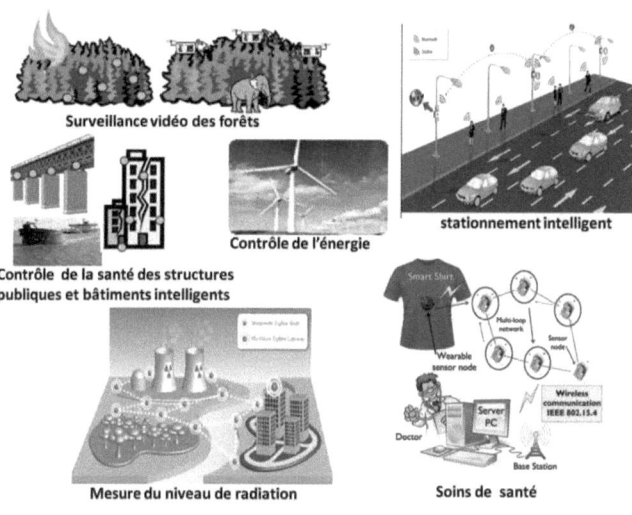

FIGURE 2.6 – Exemples d'applications des RCSFs

quatrième famille représente les applications pour la maison et la surveillance de bâtiments. En effet, les RCSFs peuvent être utilisés pour surveiller des habitations et contribuer au confort domestique, en transformant les logements en environnements intelligents dont les paramètres (température, pression, humidité, luminosité, etc.) s'adaptent automatiquement au comportement des individus. Enfin, nous trouvons les applications industrielles. Les capteurs peuvent être utilisés pour observer des lignes de production pour repérer des pannes éventuelles de machines ou même de prédire des pannes en surveillant l'état des machines.

Selon les différentes applications de RCSFs présentées ci dessus, nous constatons que, traditionnellement, les réseaux de capteurs ont été utilisés pour des applications de contrôle, telles que l'agriculture [7] et la surveillance de l'environnement [8], basées sur la collecte de données à faible débit avec de courtes périodes de fonctionnement. Avec le progrès technologique et la disponibilité de plates-formes sophistiquées et puissantes (Table 2.1), les applications de RCSF actuelles peuvent supporter des opérations plus complexes, allant des soins de santé [29] au contrôle industriel et d'automatisation [30]. En outre, la disponibilité du matériel peu coûteux et le développement rapide de petites caméras et les microphones ont permis l'apparition d'une nouvelle classe de réseaux de capteurs : ce sont les réseaux de capteurs multimédia sans fil (RCMSF) ou visuels sans fil (RCVSF) [31].

Un RCMSF est un réseau de dispositifs interconnectés de manière sans fil permettant d'obtenir des flots de vidéo/audio et même d'images et de données scalaires. Cette nouvelle classe de réseaux a contribué à l'apparition de nouvelles applications potentielles de RCSF, telles que la surveillance vidéo, le contrôle des frontières, des évènements publics et des propriétés privées.

2.2 Les réseaux de capteurs sans fil

Ce qui est commun à ces différents domaines applicatifs émergents est que la performance et la garantie de la qualité de service (QdS) sont devenues cruciales par rapport à la performance *best-effort* dans les applications de contrôle traditionnelles. De plus, la charge de trafic dans le réseau a augmenté de dizaines voire de centaines de fois plus que celle des applications traditionnelles. À toutes les contraintes des RCSFs évoquées dans la section 2.2.3, déjà fortement contraignantes, s'ajoute donc le besoin de garantir un niveau de service suffisant pour les applications imposant des contraintes de qualité de service à leurs flux de données. Pour mieux comprendre les nouvelles exigences imposées par ces applications avancées et permettre leur déploiement dans le monde réel, nous prenons deux exemples d'applications haut débit. Il s'agit d'une application de surveillance de l'état de santé de structures publiques et d'une autre application de surveillance vidéo des espaces privés et publiques.

Le projet *British Petroleum*(BP) [32] a mis en place un RCSF visant à surveiller l'état de santé du navire *Loch Rannoch* afin d'éviter les contrôles quotidiens nécessitant l'intervention d'un personnel régulier. Il s'agit d'une application typique de RCSF avec une charge de trafic élevée. Le RCSF détermine l'état de santé du moteur en surveillant les capteurs de vibrations fixés au corps du moteur. Au total 98 accéléromètres ont été déployés fournissant des données à 28 nœuds de capteurs alimentés par batterie. Considérant que chaque nœud capteur a besoin de transférer des données à partir de 3 capteurs ou plus, la charge de trafic dans le réseau sera beaucoup plus élevée que celle d'un RCSF traditionnel (environ 60 paquets avec une charge utile de 100 Bytes par nœud et par seconde). De plus, tous les nœuds capteurs sont déclenchés au même instant ce qui augmente encore la probabilité de compétition dans le canal sans fil et diminue ainsi la quantité de données livrées avec succès.

L'application de surveillance vidéo de la figure 2.7 porte à la fois sur la détection de feux pour éviter les catastrophes écologiques et la détection des intrus dans les espaces protégés et privés afin d'éviter des actes illicites comme le braconnage et les feux de joie, entre autres. Les nœuds capteurs déployés sont hétérogènes et organisés en une hiérarchie deux-tiers. Les nœuds capteurs simples du premier tiers, qui peuvent être des motes de type MicaZ ou Imote2 équipés de différents types de capteurs, permettent de capturer des mesures de l'environnement telles que la température, l'humidité et les mouvements (vibrations). Ces données sont envoyées au cluster-head du cluster. Le cluster-head analyse ces données et commande les nœuds capteurs vidéo, basés sur Imote2, pour capturer la scène vidéo, il peut s'agir d'un feu ou d'intrus. Les nœuds vidéo envoient à leurs tour les données vidéo au cluster-head qui va les transmettre au nœud *Sink*, via un routage multi-saut, lui permettant de prendre les mesures nécessaires. Supposant que le flux multimédia brut qui va être envoyé par le nœud vidéo est d'une résolution de 176×144 pixels, avec 8 bits par pixel, un codage en couleur et une cadence de 15 images par seconde, ce qui nécessite un débit de données important d'environ 375kBps. Même si les données peuvent être traitées localement avec un algorithme de compression JPEG [33], par exemple, les données devant être transférées via le réseau peuvent encore dépasser 18kBps (en supposant un taux de compression de 5%), qui sera convertie en une charge de trafic dépassant 180 paquets par seconde pour une charge utile de 100 Bytes par paquet.

Ceci implique clairement que toute mise en œuvre d'applications haut débit dans les RCSFs nécessite certainement l'utilisation d'une nouvelle architecture de RCSF et de techniques de compression avancées pour le multimédia afin de répondre à leurs exigences en termes de QdS. Le principe de la qualité de service dans les RCSFs sera présenté en détail dans la section 2.3.

2.2 Les réseaux de capteurs sans fil

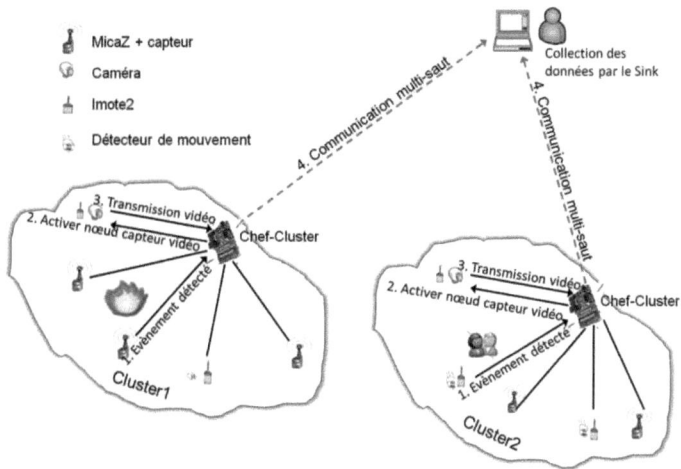

FIGURE 2.7 – Scénario d'application de surveillance vidéo

2.2.5 Technologies sans fil pour les RCSFs

La communication sans fil dans les RCSFs est principalement basée sur des technologies standardisées, telles que la famille des standards IEEE 802.11 [34] et celle des standards IEEE 802.15 [35] désignés aussi par WLAN (*Wireless Local Area Network*) et WPAN (*Wireless Personal Area Network*), respectivement. Le choix des technologies sans fil a un impact sur la conception des RCSFs et dépend de l'objectif de l'application (transport de la voix, de la vidéo ou de données en général). Chaque technologie sans fil a ses propres caractéristiques en termes de portée de la communication, de débit et de la consommation énergétique. Les standards basés sur la norme IEEE 802.11 offrent des débits élevés de l'ordre de dizaines de Mbps et des distances allant jusqu'à des dizaines voire des centaines de mètres. Cependant, les standards basés sur la norme IEEE 802.15 offrent seulement des débits de l'ordre de centaines de Kbps jusqu'à plusieurs Mbps avec des distances allant de quelques mètres jusqu'à des centaines de mètres. Toutefois, afin de fournir un débit de données élevé et une plus grande portée, la technologie IEEE 802.11 consomme beaucoup d'énergie, ce qui peut limiter les avantages obtenus par la communication sans fil. En effet, les nœuds capteurs sont alimentés soit par des câbles ou des batteries. Dans le premier cas, les avantages prévus par la communication sans fil sont partiellement annulés, tandis que dans le second cas, la ressource énergétique rare doit être consommée avec restriction afin d'éviter les fréquentes interventions de l'homme pour changer ou recharger les batteries. L'énergie est donc une préoccupation majeure dans les deux cas précédents, c'est pourquoi, dans notre travail de thèse, nous nous sommes concentrés sur les standards fondés sur IEEE 802.15. Nous en rencontrons plusieurs, certains d'entre eux sont

2.2 Les réseaux de capteurs sans fil

normalisés et d'autres sont propriétaires. Nous décrivons ci-après les plus populaires.

- **IEEE 802.15.1/Bluetooth** : initialement, Bluetooth a été proposée pour transmettre la voix et les données [36]. Il propose une topologie composée de maîtres et d'esclaves (Piconet avec une méthode d'accès de type TDMA (*Time Division Multiple Access*)). Il y a seulement sept esclaves actifs par Piconet et dix Piconets maximum connectés par Scatternet. Cette technologie est peu utilisée dans les RCSFs du fait de la consommation élevée d'énergie [36], du coût élevé de la synchronisation et de la topologie complexe du réseau (le concept Scatternet n'a jamais été mis en œuvre).

- **802.15.3/UWB (Ultra Wide Band)** : utilise des signaux radio envoyés avec une intensité très faible et des impulsions très courtes [37]. Il opère dans la bande de fréquences 3.1 − 10.6 GHz. UWB est arrivé pour remplacer Bluetooth (pour offrir plus de bande passante, moins d'interférences avec les autres technologies, délai plus court et une faible consommation électrique proche de 400 mW). Actuellement, deux normes UWB existent : UWB Forum et WiMedia Alliance. L'inconvénient majeur d'UWB est sa faible portée de communication (environ 10 m) et la forte contrainte de synchronisation.

- **IEEE 802.15.4/Zigbee/ZigBeePRO** : le standard IEEE 802.15.4 [18] définit la couche MAC et la couche physique pour les réseaux personnels sans fil à bas débit, aussi appelés LR-WPAN (*Low Rate Wireless Personal Area Networks*). ZigBee a été développé par l'alliance ZigBee [38] et a été conçue à l'origine pour la domotique. Une nouvelle variante ZigBeePRO [39], a été proposée en 2007 pour répondre aux besoins des applications industrielles. Les normes Zigbee/ZigBeePRO sont basées sur IEEE 802.15.4 et fournissent les couches supérieures réseau et application avec des fonctionnalités de sécurité qui sont plus améliorées dans le ZigBeePRO. Cette technologie est utilisée dans les RCSFs. Par rapport à Bluetooth, elle fournit une faible latence (une couche physique DSSS (*Direct Sequence Spread Spectrum*) permet aux nœuds de basculer en mode sommeil sans perdre la synchronisation). Elle prévoit des formes simples de garantie de la QdS. Sa principale limite est le faible débit notamment par rapport aux applications multimédia [31].

Une description détaillée comparative entre trois technologies à savoir, ZigBee, Bluetooth et UWB est présentée dans la table 2.2.

- **WirelessHart** : WirelessHART [40] est un standard ouvert de réseaux sans fil présenté par la "HART Communication Foundation" en tant que standard fiable, sécurisé et robuste. Il vise plutôt des applications industrielles. WirelessHART définit toute la pile protocolaire de communication, c'est-à-dire, de la couche physique à la couche application. La couche physique est celle définie par le standard IEEE 802.15.4 qui opère au niveau de la bande 2.4 GHz.

- **6LoWPAN** : 6LoWPAN, acronyme de IPv6 over IEEE 802.15.4 [41], est un groupe de travail de l'IETF qui met l'accent sur la transmission de paquets IPv6 dans les réseaux personnels sans fil à faible puissance. Ce groupe de travail vise à assurer des implémentations interopérables de réseaux 6LoWPAN et à définir des protocoles de sécurité et de

2.2 Les réseaux de capteurs sans fil

	ZigBee IEEE 802.15.4	Bluetooth IEEE 802.15.1	UWB IEEE 802.15.3
Débit de données (max)	250 kbps	1 Mbps (v1.2) 3 Mbps (v2.0)	250 Mbps
Autonomie avec pile	Années	Jours	Heures
Portée	100 m	10-100 m	10 m
Nombre de nœuds	65000 +	7	8
Fréquence	2.4 GHz/915 MHz/ 868 MHz	2.4 GHz	3.1-10.6 GHz

TABLE 2.2 – Comparaison entre différentes technologies sans fil WPAN.

gestion nécessaires en tenant compte des protocoles déjà disponibles.

- **Z-Wave :** c'est un standard propriétaire, il est considéré comme une version allégée de Zigbee opérant dans la bande de fréquences 868MHz/915MHz. Z-Wave [42] est prévu pour être appliqué dans la domotique et l'électronique de divertissement. Le nombre maximal de nœuds dans le réseau est de 232. Les topologies prises en charge sont de type étoile et maillée. Par contre, il manque encore des kits de développement permettant de tester ses performances.

Nous concluons cette section, par le choix de la technologie la plus adaptée aux contraintes liées aux RCSFs. Notons que la bibliographie indique différentes pistes et mécanismes intéressants pour les spécifications de couches MAC et réseau adaptées aux RCSFs, économes en énergie et capable d'offrir une certaine qualité de service. Néanmoins, la pérennité d'une solution est très souvent consistante à partir d'une norme. D'après cette étude, nous retenons que la technologie qui s'adapte le mieux aux caractéristiques des RCSFs en termes de faible débit, faible consommation énergétique et faible coût de nœuds capteurs du réseau est la IEEE 802.15.4/ZigBee. Elle est le premier standard a avoir été normalisé pour les RCSFs. Cette technologie définit les couches trois et plus en s'appuyant sur les couches MAC et physique du standard IEEE 802.15.4. Ce dernier offre plus de portée de communication, moins de consommation d'énergie, supporte un nombre de nœuds plus grand que les autres WPAN et offre différents types de topologies, ce qui en fait un bon candidat pour plusieurs applications de réseaux de capteurs. De plus, le débit offert est acceptable (250 kbps) pour des applications pas trop exigeante en bande passante. Contrairement aux protocoles de communication propriétaires issus de différents fabricants, la technologie IEEE 802.15.4 garantit l'interopérabilité. Notons tout de même que IEEE 802.15.4 est le seul standard dont l'implémentation est la plus répandue et que la majorité des composants matériels existants sont basés sur ce standard (Table 2.1), ce qui encourage les concepteurs à implémenter leurs nouveaux protocoles sur de telles plates-formes.

2.3 La qualité de service dans les RCSFs

Revenons à notre exemple d'application de surveillance vidéo, les nœuds capteurs peuvent être de type MicaZ ou Imote2 qui tous les deux supportent les communications IEEE 802.15.4. Ceci démontre la disponibilité du matériel à base de ce standard et encourage le déploiement de telles applications de type surveillance vidéo.

Notre travail se base sur les deux normes IEEE 802.15.4 et ZigBee, nous n'entrerons pas plus dans les détails de ces deux normes qui seront largement présentées et étudiées dans la section 2.4.

2.3 La qualité de service dans les RCSFs

Le terme QdS est largement utilisé dans le domaine de tous types de réseaux, mais il n'y a toujours pas de consensus sur sa signification exacte. La recommandation E.800 (09/2008) de l'union internationale des télécommunications (*UIT*) a défini la QdS comme étant *"L'ensemble des caractéristiques d'un service de télécommunication qui lui permettent de satisfaire les besoins explicites et implicites de l'utilisateur du service"*. Traditionnellement, elle se réfère à des mécanismes de contrôle qui supervisent la réservation de ressources plutôt que de fournir la qualité du service elle même. Simplement, la QdS apporte la possibilité de donner différentes priorités aux différents utilisateurs, applications, flux de données ou paquets en fonction de leurs exigences en contrôlant le partage des ressources. En général, la qualité de service ne se situe pas à une couche particulière mais elle demande des efforts coordonnés de toutes les couches de la pile protocolaire (couche physique, couche MAC, couche réseau et couche application).

2.3.1 Besoins de QdS

L'utilisation efficace des ressources énergétiques des nœuds capteurs et la maximisation de la durée de vie du réseau étaient et sont toujours les principales considérations de conception pour la plupart des protocoles et algorithmes proposés pour les RCSFs et ont dominé une partie majeure de la recherche dans ce domaine [43]. Les concepts de délai, de débit et de perte de paquets n'ont pas encore gagné un grand intérêt de la part de la communauté des chercheurs. Cependant, selon le type d'applications, les données capturées ont normalement différentes caractéristiques et besoins de QdS. Ces données peuvent tolérer un délai important mais exiger une certaine fiabilité, par exemple, les données produites par un RCSF qui contrôle la température dans des conditions météorologiques normales ne sont pas nécessairement reçues par le nœud *Sink* dans une certaine limite de temps. D'autre part, pour un RCSF utilisé pour la détection d'incendie, toute donnée capturée portant une indication d'un incendie doit être signalée au centre de traitement dans les plus brefs délais. De plus, dans les environnements industriels, la qualité des liens sans fil est mauvaise à cause du bruit élevé, des obstacles et des interférences, dans ce cas, assurer la fiabilité des communications devient une exigence pour de telles applications industrielles. En outre, la mise en place de réseaux de capteurs multimédia ainsi que l'intérêt croissant pour les applications temps réel ont imposé des contraintes strictes à la fois sur le débit et le délai afin de transporter les données à temps critique au *Sink* en respectant le délai et les exigences de bande passante sans aucune perte.

2.3 La qualité de service dans les RCSFs

Plutôt que d'étudier les besoins de QdS de chaque application dans les RCSFs, il est préférable de se concentrer sur les modèles de livraison de données qui sont utilisés dans différentes applications et traduire les exigences de ces modèles de livraison de données à un ensemble de métriques de qualité de service. C'est une meilleure approche et elle a été également suivie dans [44]. Selon les besoins de l'application, il existe trois modèles de base de livraison de données : le modèle périodique, le modèle événementiel et le modèle question/réponses. Dans ce qui suit, nous discutons de ces modèles et leurs besoins associés en termes de qualité de service.

- **Modèle périodique ou continu :** dans ce modèle, les nœuds capteurs envoient périodiquement des données au $Sink$, il peut être considéré comme le modèle de base pour les applications de surveillance traditionnelles basées sur la collecte de données telles que l'agriculture, la surveillance de l'habitat et les opérations militaires. Les débits peuvent être généralement faibles et pour économiser de l'énergie, la radio peut être activée uniquement pendant les transmissions de données. La principale propriété de ce type d'applications est la prévisibilité du trafic de données non temps réel (ou temps réel telles que la vidéo, l'image et l'audio) et son volume et que les pertes de paquets et la latence sont tolérables.

- **Modèle événementiel :** en revanche, dans les applications de type événementiel, le nœud doit envoyer des données au $Sink$ quand il détecte un événement, ce qui nécessite une transmission de données fiable et en temps réel. En effet, les données en temps réel telles que la voix ou l'image sont intolérantes au retard et nécessitent un certain niveau de la bande passante. Le trafic de données peut être difficilement prédit : les événements se produisent généralement aléatoirement et le trafic de données qui en résulte est sporadique. Par exemple, dans les applications de surveillance d'une zone industrielle contre les pannes, les fuites et les intrusions, si une fuite est détectée alors une action immédiate est exigée pour contrôler la situation. Ce type de réseaux exige que les nœuds de capteurs soient capables d'identifier les données critiques et de leur associer une priorité élevée pour les acheminer rapidement vers leur destination.

- **Modèle Question/réponses :** dans ce type d'applications, la détection d'un événement ou la capture périodique de données n'implique pas une transmission de données vers le $Sink$. Ces données sont stockées localement au niveau du nœud capteur. Le $Sink$ doit envoyer une requête quand il aura besoin de ces données. Le principal défi dans ces applications est le stockage des données de manière intelligente pour une recherche et une récupération de données rapide et efficace. Ce type d'application n'est pas en temps réel, le retard est toléré à une certaine limite, donc le facteur le plus important pour de telles applications est l'optimisation de la consommation d'énergie afin de prolonger la durée de vie du réseau. Le contrôle environnemental et la surveillance de l'habitat peuvent être des exemples d'applications pour cette classe.

Notons que ces trois scénarios que nous venons de décrire peuvent coexister simultanément dans une même application, donnant ainsi naissance à des modèles hybrides d'acheminement de données. Par exemple, revenons à notre application de surveillance vidéo. Ici, le modèle de livraison de données est hybride. Le comportement proactif viendra de la surveillance de l'état de l'environnement et du suivi des cibles par les nœuds capteurs environnementaux (humidité, température, détecteur de mouvements, luminosité, gaz COx et NOx, etc.) et génère du trafic

2.3 La qualité de service dans les RCSFs

vers le nœud *Sink* selon le modèle de livraison en continue. Le comportement réactif viendra d'une détection d'incendie ou d'intrus et génère du trafic apériodique par les nœuds capteurs vidéo vers le nœud *Sink* selon le modèle de livraison événementiel. En effet, le modèle de livraison en continue n'est pas adapté pour une communication multimédia efficace dans les RCSFs du fait que la compression et le transport du multimédia en continu est une tâche qui consomme beaucoup d'énergie et peut immédiatement épuiser l'énergie totale des nœuds capteurs.

2.3.2 Métriques de QdS

Dans le paragraphe précédent, nous avons discuté des besoins de QdS des réseaux de capteurs du point de vue des applications qui adoptent des modèles similaires de collecte de données. Dans ce qui suit, nous présentons les métriques qui permettent de quantifier ces exigences de qualité de service. La fourniture de la QdS pour une application donnée peut être considérée à différents niveaux. Dans la couche physique, la qualité de service signifie la qualité en termes de performance de transmission. La QdS mise en œuvre au niveau de la couche MAC (*Medium Acces Control*) consiste à fournir une forte probabilité d'accès au canal avec un faible délai pour les paquets les plus prioritaires. Dans la couche routage, la mise en œuvre de la QdS vise à trouver un chemin qui offre la qualité demandée. Quand au niveau application, il met l'accent sur la qualité de l'application elle-même tels que la durée de vie, couverture, déploiement, qualité de la capture, résolution de la caméra et le nombre de capteurs actifs.

Nous nous intéressons dans ce travail de thèse à la fourniture de la QdS aux niveaux routage et MAC et nous présentons ci dessous les métriques de performance qui peuvent être satisfaites au niveau de ces deux couches. Le lecteur peut se référer à [45][46][47][48] pour le support de la QdS au niveau transport et à [49] à différents niveaux. Les paramètres généraux du point de vue réseau sont la maximisation du débit, la minimisation du délai de transmission, la maximisation de la fiabilité, la réduction de la gigue et la maximisation de l'efficacité énergétique, etc. Ces paramètres de QdS sont intimement liés à ceux du niveau MAC :

– **Minimiser le temps d'accès au canal :** il est certain que, afin de réduire au minimum le délai de bout en bout à partir d'un nœud source jusqu'au nœud *Sink*, la performance de la couche de routage doit également être prise en compte. Ce qui peut être fait à la couche MAC en termes de délai est de minimiser le temps d'accès au canal des nœuds capteurs ce qui conduira à la minimisation du délai de bout en bout au niveau routage.

– **Minimiser les collisions :** les collisions, et par conséquent les retransmissions, ont un impact direct sur toutes les métriques du réseau tels que le débit, le délai et l'efficacité énergétique. Comme la couche MAC coordonne le partage du canal sans fil, elle est responsable de minimiser le nombre de collisions. Les collisions peuvent être évitées par des méthodes de détection de la porteuse, comme l'adaptation de la fenêtre de contention selon les besoins du trafic, dans le cas des protocoles basés sur la contention. De même, l'adaptation du nombre de tranches de temps (*slots*) en fonction des besoins du réseau peuvent éviter les collisions dans le cas des protocoles sans contention.

2.3 La qualité de service dans les RCSFs

- **Maximiser la fiabilité :** liée à la minimisation des collisions, la couche MAC peut également contribuer à l'assurance de la fiabilité. Les mécanismes d'acquittement peuvent être utilisés pour identifier les pertes de paquets et en conséquence les retransmissions peuvent être effectuées à temps pour remédier aux problèmes.

- **Minimiser la consommation d'énergie :** l'efficacité énergétique est toujours le critère le plus important dans les réseaux de capteurs en raison de l'utilisation d'une batterie de capacité limitée. La couche MAC peut contribuer à l'efficacité énergétique en minimisant les collisions et les retransmissions et plus important, elle peut ajuster le rapport d'activité des nœuds capteurs en fonction de la dynamique du réseau. Pour minimiser la consommation d'énergie, la radio devrait être gardée éteinte lorsque cela est possible et la puissance d'émission peut être adaptée en fonction des conditions du réseau.

- **Minimiser les interférences et maximiser la concurrence (transmissions parallèles) :** puisque le support sans fil est un médium partagé, toutes les transmissions indésirables au sein d'un même réseau ou des transmissions d'autres réseaux qui partagent les mêmes parties du spectre contribuent à une perturbation sur les transmissions prévues. Les interférences provoquent la perte de paquets et donc peut nuire à l'efficacité du débit, le délai et l'énergie du réseau. Maximiser la transmission simultanée tout en limitant l'impact des interférences sur les transmissions parallèles peut contribuer à l'amélioration de ces métriques. La couche MAC peut atteindre un minimum d'interférences et un maximum de transmissions parallèles en réglant les paramètres associés, tels que la fenêtre de contention, la puissance de transmission et le fonctionnement du canal.

- **Maximiser l'adaptabilité aux changements :** les RCSFs sont caractérisés par leur comportement dynamique. En effet, les nœuds peuvent épuiser leur batteries et se déconnecter du réseau, de nouveaux nœuds peuvent être ajoutés au réseau, l'état des liens entre les nœuds peut changer dans le temps à cause des conditions environnementales ou des changements topologiques, les conditions de trafic peuvent changer en fonction des phénomènes surveillés. Par conséquent, les protocoles MAC devraient prendre des mesures d'adaptation en fonction de la dynamique de réseau. Par exemple, si un trafic de données à haut débit et en temps réel domine dans le réseau, les nœuds devraient fonctionner avec un rapport d'activité long. Par contre, si un trafic de données à faible débit circule dans le réseau alors la plupart des nœuds peuvent rester longtemps à l'état passif pour économiser de l'énergie.

Par rapport à notre application de surveillance vidéo caractérisée par un modèle de livraison de données hybride, nous pouvons lui affecter toutes les métriques de QdS que nous avons citées ci dessus. Par exemple, au niveau réseau, la maximisation du débit et la minimisation du délai de bout en bout et au niveau MAC, la minimisation du temps d'accès au canal, la minimisation du taux de collisions, la transmission simultanée en minimisant les interférences, etc.

2.3.3 Mécanismes de QdS au niveau routage

La couche réseau est responsable du transport de données entre un nœud source et le *Sink*, elle constitue l'élément important de fourniture de la qualité de service. À cause, d'une part, des besoins intensifs en ressources et en QdS exigés par les applications et d'autre part, de la faible disponibilité de telles ressources dans un RCSF, la tâche du protocole de routage avec gestion de la QdS devient très compliquée. De plus, la plupart des propriétés de QdS sont interdépendantes, de façon que l'amélioration de l'une d'elles peut faire dégrader d'autres, par exemple, l'augmentation du débit (en augmentant le rapport d'activité des nœuds, par exemple) diminuera la durée de vie du réseau, ou bien la fourniture de communications à des délais précis (en temps réel) peut impliquer une mauvaise réservation de ressources conduisant à une réduction du débit et de la durée de vie du réseau. Ces faits négatifs obligent les concepteurs de protocoles à essayer d'obtenir le meilleur compromis entre les paramètres de QdS. Malgré cela, plusieurs travaux de recherche existent dans la littérature de protocoles de routage fournissant de la QdS en se basant sur différents mécanismes de QdS. Ces mécanismes peuvent être classifiés en trois catégories : basés sur IntServ (*Integrated Service*) [50], basés sur DiffServ (*Differenciated Service*) [51] et le routage multi-chemin (*multi-path routing*) [52][53][54][55]. Les deux premières catégories IntServ et DiffServ sont généralement les deux solutions proposées pour garantir la QdS en termes de délai pour les applications temps réel.

Étant donnée la nature dynamique et instable du canal sans fil, la QdS ne peut être que largement *best-effort* dans les RCSFs. Par conséquent, le mécanisme IntServ basé sur la réservation de ressources par flot de données pour la fourniture d'une QdS garantie est difficile à réaliser et semble être non scalable dans les RCSFs en général. SPEED [56] est un exemple de protocole qui se base sur un tel mécanisme.

Le mécanisme DiffServ et le routage multi-chemin sont les principales techniques utilisées dans les RCSFs pour le support de la qualité de service. Le modèle DiffServ a été proposé pour remédier au problème de scalabilité posé par IntServ. Il consiste à différencier les paquets dans des classes offrant chacune une qualité de service différente et dans lesquelles sont agrégés plusieurs paquets. Chaque classe représente un niveau de priorité de paquets. Tous les paquets appartenant à une même classe reçoivent le même traitement. Ensuite, des traitements différenciés seront appliqués aux différentes classes de trafic. SAR (*Sequencial Assignement Routing*) [57], MMSPEED (*Multi-path Multi-SPEED*) [58] et celui proposé dans [59] sont des exemples de protocoles avec gestion de la QdS basés sur l'approche DiffServ.

Malgré la nature dynamique du milieu sans fil, les protocoles de routage doivent fournir des chemins qui soient robustes et stables pendant toute la durée de transmission de données. En outre, l'utilisation de la technique du routage multi-chemin, où plusieurs chemins de routage peuvent exister entre la source et la destination, est souhaitable. Dans cette thèse, nous nous concentrons sur cette technique de routage qui prend bien compte des besoins de QdS exigées par les applications avancées de RCSFs. Les avantages de performance qui peuvent être atteints par les RCSFs multi-saut en s'appuyant sur cette technique de routage sont :

– ***Fiabilité et tolérance aux pannes*** : à cause des changements d'états des liens dans le temps, de la dynamique de la topologie du réseau et des interférences sans fil, la fiabilité de transmission de données dans les réseaux devient difficile à assurer. L'idée

2.3 La qualité de service dans les RCSFs

derrière l'utilisation du routage multi-chemin dans les RCSFs est de fournir une transmission fiable de données et une résistance contre les défaillances de nœuds ou de liens. Chaque fois qu'un nœud capteur n'arrive pas à transmettre ses paquets de données vers le *Sink*, il peut bénéficier de la disponibilité d'autres chemins alternatifs lui permettant d'éviter les nœuds ou les liens défaillants. Grâce à ce mécanisme, aussi longtemps qu'un chemin alternatif est disponible de la source vers le *Sink*, la transmission de données peut être effectuer sans interruption, même en cas de rupture d'un chemin. Les chemins peuvent être également utilisés simultanément pour augmenter la fiabilité de transmission de données comme suit : (i) soit en transmettant multiples copies d'un paquet de données original sur différents chemins pour assurer qu'au moins un paquet arrive à la destination ou (ii) en utilisant la technique de *FEC (Forward Error Correction)*, où chaque nœud source ajoute des informations supplémentaires aux paquets de données originaux et distribue ensuite ces paquets sur multiples chemins. Pour reconstruire les paquets originaux, il suffit qu'au moins un certain nombre de paquets de données soient correctement reçus par la destination même si d'autres paquets ont été perdus au cours du routage.

- **Équilibrage de charge et agrégation de la bande passante :** vu les ressources limitées des nœuds capteurs sans fil, le réseau qui transporte des données intenses générées par les applications à haut débit est sujette à la congestion. Une telle situation influence fortement sur les performances du réseau. Pour remédier à ce problème, les algorithmes de diffusion de données peuvent bénéficier de la forte densité du RCSF et augmenter sa capacité en utilisant beaucoup plus ses ressources. À cette fin, les approches de routage multi-chemin peuvent : (i) fournir la meilleure solution pour répondre aux besoins de la bande passante de différentes applications. Cette stratégie est particulièrement utile quand un nœud possède multiples liens de faible bande passante, mais nécessite une bande passante supérieure à celle que peut fournir un lien individuel et (ii) réduire la probabilité de congestion du réseau et des goulets d'étranglement à travers la distribution du trafic sur plusieurs chemins. Cela peut conduire à une diminution des délais de transmission et des pertes de paquets si bien sûr les chemins sont bien choisis.

- **Amélioration de la QdS :** le trafic réseau peut être réparti sur plusieurs chemins en fonction des exigences de QdS de l'application pour laquelle le protocole de routage multi-chemin a été conçu. Chaque chemin a ses propres caractéristiques. Par exemple, les paquets de données à temps critique peuvent être transmis à travers des chemins ayant une plus grande capacité et un délai minimum, tandis que, les paquets de données non critiques et insensibles au retard peuvent être transmis sur des chemins non optimaux avec un délai de bout-en-bout élevé. De plus, contrairement aux techniques de routage mono-chemin, les approches du routage multi-chemin peuvent préserver les besoins de QdS de l'application dans le cas de rupture de chemins en orientant le trafic réseau vers un autre chemin actif. Cependant, à cause des problèmes du canal sans fil, l'amélioration du débit du réseau à travers un routage multi-chemin simultané dans les RCSFs ne peut pas être aussi facile que dans les réseaux filaires.

- **Consommation d'énergie :** comme nous l'avons précisé auparavant, les nœuds capteurs sont alimentés par des batteries à énergie limitée et qui sont presque impossible à recharger et que leur durée de vie dépend fortement de celle des batteries. Pour le

2.3 La qualité de service dans les RCSFs

routage mono-chemin multi-saut, chaque nœud dépend de ses voisins pour relayer les paquets jusqu'à la destination. La défaillance de quelques nœuds, qui peut être due à l'épuisement de l'énergie, peut causer un changement de topologie significatif, ce qui influence le fonctionnement du réseau et donc sa durée de vie. Afin de maximiser cette durée de vie, il est préférable d'utiliser l'approche multi-chemin permettant de distribuer d'une façon équitable la charge du trafic sur multiples chemins et donc faire participer une majorité des nœuds dans le routage.

2.3.4 Mécanismes de QdS au niveau MAC

Dans cette sous section, nous avons jugé utile d'aborder en premier lieu les différentes méthodes d'accès au canal utilisées dans les RCSFs, ensuite nous passons à la présentation des mécanismes de QdS qui peuvent être prises en compte au niveau MAC.

Approches d'accès au canal

Des décisions cruciales doivent être prises lors de la phase de conception des protocoles. Des compromis de conception doivent être étudiés de manière approfondie et doivent être choisis en fonction des besoins spécifiques de l'application du RCSF, car ils serviront de base pour le protocole. Nous allons d'abord présenter les trois catégories de protocoles MAC à savoir : basés sur la contention, sans contention et hybrides ensuite nous allons évaluer les compromis de conception de la couche MAC et mettre en évidence leurs avantages et inconvénients du point de vue de la qualité de service. Les travaux de recherche des protocoles MAC sont très riches et le but de ce paragraphe n'est pas de présenter une liste exhaustive de tous les protocoles MAC. Nous allons juste présenter des travaux principaux dans ce domaine afin de proposer notre solution dans la partie contribution.

Protocoles MAC basés sur la contention : les protocoles avec contention sont les plus populaires et représentent la majorité des protocoles MAC proposés pour les RCSF. Cette approche est assez simple par rapport aux protocoles sans contention ou basés sur la réservation. Elle ne nécessite ni des connaissances sur la topologie, ni une synchronisation globale du réseau. Dans ce type de protocoles MAC, les nœuds accèdent au médium durant le même intervalle de temps en utilisant un algorithme de la famille CSMA/CA (*Carrier Sense Multiple Access with Collision Avoidance*) pour essayer d'éviter les collisions. CSMA/CA est une méthode d'accès qui impose à un émetteur de s'assurer que le canal est libre avant d'émettre. Dans CSMA/CA, les collisions ne peuvent pas être détectées, un nœud essaie d'éviter les collisions (sans vraiment les éviter à 100%). Ceci à cause de l'effet d'aveuglement du médium sans fil qui empêche un nœud de recevoir quand il est entrain d'émettre. Ces protocoles peuvent être classés en deux catégories. La première, dite à Rendez-vous commun, synchronise tout ou une partie de l'ensemble des nœuds du réseau afin qu'ils se réveillent et se rendorment aux même instants tels que les protocoles S-MAC [60], T-MAC [61] et Q-MAC [62]. La deuxième catégorie, dite asynchrone, se base sur la technique d'écoute à faible puissance LPL (*Low Power Listening*) tels que les protocoles B-MAC [63], WiseMAC [64] et X-MAC [65]. Cette dernière est l'une des premières approches pour réduire *l'idle listening* en introduisant une période

2.3 La qualité de service dans les RCSFs

d'inactivité au niveau de la couche physique.

Protocoles MAC sans contention : cette approche nécessite la connaissance de la topologie du réseau pour établir un ordonnanceur permettant à chaque nœud d'accéder au canal et de communiquer avec d'autres nœuds. L'ordonnanceur peut avoir des objectifs variés tels que garantir l'équité entre les nœuds, ou réduire les collisions en évitant que deux nœuds interférents ou plus accèdent au canal et transmettent en même temps. TDMA (*Time Division Multiple Access*) est un exemple représentatif d'une telle approche basée sur la réservation. En TDMA, le temps est divisé en trames et chaque trame est divisée en tranche de temps (*slots*). Au cours d'une trame, chaque nœud se voit attribuer une tranche de temps durant laquelle il a le droit de transmettre. En conséquence, les transmissions ne souffrent pas du problème de collisions, ce qui garantit des délais d'ordonnancement finis et prévisibles et augmente également le débit global dans les réseaux trop chargés. Le débit est généralement fortement limité, c'est à dire qu'il ne peut pas être augmenté au delà de l'utilisation de tous les *slots* disponibles. L-MAC [66] et AI-LMAC [67] sont des exemples de protocoles basés sur une telle approche. Bien que l'approche TDMA a des caractéristiques attractives, elle a quelques lacunes résultantes de sa dépendance de la topologie et la synchronisation du réseau. Les connaissances sur la topologie et la synchronisation strictes exigent des messages de contrôle supplémentaires et/ou du matériel coûteux et rend donc les solutions TDMA moins attractifs en déploiement à grande échelle.

Protocoles MAC hybrides : une troisième famille de protocoles propose de combiner les deux méthodes : CSMA/CA et TDMA. Ainsi, ces protocoles essaient d'avoir les avantages des deux méthodes en alternant les deux dans le temps ou en les combinant d'une manière intelligente. Par exemple, le protocole Z-MAC [68] change dynamiquement de mode de transmission entre CSMA et TDMA en fonction de la charge actuelle du réseau. Funneling-MAC [69] est un protocole MAC qui tient compte du goulot d'étranglement dont souffrent la plupart des applications des RCSFs. Ce phénomène survient quand une station du réseau joue le rôle d'un *Sink* de données vers lequel un ensemble de nœuds capteurs dirigent leur trafic. Funneling-MAC adopte une méthode d'accès en CSMA/CA dans l'ensemble du réseau durant un intervalle de temps suivi par un intervalle de temps durant lequel une méthode d'accès en TDMA est utilisée uniquement pour la zone à forte charge pour offrir plus de temps d'accès aux nœuds qui se trouvent à proximité du *Sink*.

Compromis de conception de la couche MAC pour l'approvisionnement de la QdS : la technique TDMA divise le temps en *slots* et les nœuds capteurs communiquent au sein de leurs propres *slots* sans contention. Par conséquent, un algorithme centralisé ou distribué d'affectation de *slots* est nécessaire dans TDMA pour décider quel nœud capteur transmettra son paquet dans quel *slot*. Un tel ordonnancement, permet d'utiliser le canal sans fil d'une manière efficace. De plus, les limites théoriques de qualité de service telles que le débit et le délai peuvent être données puisque chaque nœud capteur sait quand il faut transmettre. Cependant, l'algorithme d'ordonnancement doit disposer d'informations concernant le nombre de nœuds capteurs et leurs positions en vue d'effectuer une affectation de *slots* appropriée. Bien que quelques exemples d'algorithmes d'ordonnancement nécessitent uniquement des informations sur les nœuds de voisinage,

2.3 La qualité de service dans les RCSFs

ils ont besoin quand même d'une opération de découverte de voisinage.
Avoir des informations sur la topologie du réseau ou la découverte de voisins n'est pas suffisant pour l'attribution des *slots* à long terme. L'épuisement des ressources énergétiques, dysfonctionnement du matériel, la mobilité des nœuds et les ruptures de liens peuvent causer des changements de topologie fréquentes dans les RCSFs et la mise à jour de l'état du réseau doit être effectuée périodiquement pour l'attribution précise de *slots*. Ainsi, la solution TDMA est convenable pour des réseaux de petite taille organisés en étoile et déployés dans des environnements connus et sa généralisation se heurte vite au problème de passage à l'échelle car la synchronisation des nœuds et l'ordonnancement des *slots* deviennent coûteux. En plus, les approches sans contention sont moins susceptibles de bien réagir en présence de trafic en rafales variable (*burst traffic*) qui pourrait causer des performances intolérables.

D'autre part, les approches basées sur la contention sont faciles à mettre en oeuvre et plus appropriées pour les réseaux de capteurs sans infrastructure. CSMA ne nécessite aucune information supplémentaire liée à la topologie du réseau ou à la charge de trafic offert. Ainsi, la performance des approches CSMA n'est pas aussi dépendante de la topologie et la densité du réseau que les approches TDMA et supporte bien le passage à l'échelle. De plus, les protocoles basés sur la contention peuvent très bien gérer le trafic en rafale et sporadique puisque les nœuds capteurs n'ont pas un ordonnancement de transmission à suivre. Cependant, les collisions peuvent se produire quand le nombre de nœuds en contention ou la charge du trafic devient élevée et cela provoque une augmentation du délai de livraison, des retransmissions et des dépenses d'énergie. Par conséquent, ils ne peuvent pas garantir un certain niveau de qualité de service. Bien que certains mécanismes de réservation du canal sont proposés pour éviter les collisions, comme RTS/CTS (*Request To Send/Clear To Send*), ils introduisent des messages de contrôle supplémentaires. Ainsi, une combinaison efficace entre les approches avec et sans contention doit être envisagée.

Mécanismes

Bien que chaque méthode qui contribue à l'amélioration des performances de la couche MAC et à répondre aux exigences de la QdS peut être considérée comme un mécanisme de QdS, dans ce paragraphe, nous allons examiner brièvement les propriétés de quelques mécanismes qui ont été proposés [70].

- *Adaptation et apprentissage* : les mécanismes d'adaptation au niveau MAC fournissent la QdS en adaptant les paramètres de fonctionnement des nœuds capteurs (rapport d'activité, la taille de la fenêtre de contention, backoff exposant ou l'ordonnancement de slots de transmission) aux conditions actuelles du réseau (modèle de trafic, topologie du réseau, probabilité de collision ou l'état du canal). Pareil à l'adaptation, les nœuds capteurs peuvent essayer d'apprendre les caractéristiques du réseau au cours de leur fonctionnement et de prendre, au préalable, les précautions nécessaires d'adaptation contre le changement d'état du réseau plutôt que de répondre par la suite. Cependant, les algorithmes d'apprentissage ont besoin d'une période de temps pour faire des prédictions précises ce qui augmentera le temps. Plus important encore, ces algorithmes envisagés doivent être simples et légers pour être utilisés par les nœuds capteurs à ressources limitées.

2.3 La qualité de service dans les RCSFs

- **Contrôle d'erreur :** le but des mécanismes de contrôle d'erreur est de réduire la consommation d'énergie tout en offrant une livraison sûre et rapide des données captureés. Ils peuvent être implémentés dans n'importe quelle couche de la pile protocolaire. Il y'a trois mécanismes les plus couramment utilisés pour le contrôle d'erreur : Automatic Repeat Request (ARQ), Forward Error Correction (FEC) et ARQ hybride. La technique ARQ peut être utilisée pour fournir de la QdS garantie par des retransmissions persistantes jusqu'à ce que les données soient correctement reçues. Cependant, les performances de ARQ sont étroitement liées à l'état du canal et à la probabilité de collisions. L'idée derrière le mécanisme FEC est d'empêcher la retransmission du paquet de données tout entier en cas d'erreurs partielles en incluant une certaine redondance dans celui-ci. Cette redondance est ensuite utilisée par le $Sink$ pour rétablir les défaillances causées par le canal sans fil. Cependant, le mécanisme FEC requiert une mémoire supplémentaire pour les files d'attente de données et apporte un délai supplémentaire causé par la transmission de longs paquets de données. De plus, l'algorithme de codage FEC doit être léger pour les nœuds de capteurs à contraintes. ARQ hybride profite à la fois des mécanismes ARQ et de FEC.

- **Agrégation et suppression de données :** les mécanismes de suppression et d'agrégation de données tentent de minimiser la communication radio pour économiser de l'énergie en réduisant la charge de trafic du réseau [71]. La redondance peut être éliminée soit par la suppression de tous les messages redondants appartenant au même événement (ne seront donc pas transmis), soit par la combinaison de données provenant de différentes sources. Cette élimination évite également le problème de congestion provoqué par la surcharge, diminue la probabilité de collision et améliore l'utilisation des ressources du réseau en termes de bande passante, par exemple.

- **Contrôle de puissance :** l'idée principale de contrôle de puissance est simplement d'ajuster la puissance de transmission des nœuds capteurs en fonction de la puissance minimale nécessaire pour une transmission avec succès. Un tel ajustement, contribue à l'approvisionnement de la QdS en termes d'optimisation de la consommation d'énergie et favorise les communications simultanées en diminuant les interférences entre les nœuds actifs. Cependant, la nature dynamique des liaisons sans fil rend la mise en œuvre d'un tel mécanisme une tâche difficile.

- **Différentiation de service :** le mécanisme de différenciation de service n'est pas le support de la QdS lui-même, il est juste un mécanisme pour répondre correctement aux exigences des utilisateurs ou des applications. Il distingue et classifie le trafic en fonction d'un ou de plusieurs critères et construit plusieurs classes de trafic. De cette façon, la couche MAC traite chacune de ces classes de trafic différemment par la gestion du partage des ressources entre elles et essaie de répondre aux exigences imposées par leur degré d'importance. Ainsi, la différenciation de service se compose de deux phases : (i) affectation des priorités à chaque paquet circulant dans le réseau, elle peut être statique ou dynamique et (ii) différenciation entre les niveaux de priorité en se basant essentiellement sur la variation des paramètres du protocole d'accès en fonction de la priorité du trafic.

Du fait que l'application que nous avons prise comme exemple est caractérisée par un haut débit de données avec un modèle de livraison hybride (continu et sporadique), l'approche d'accès au canal qui peut être choisie est l'approche hybride. Quant au mécanisme de QdS que nous pouvons appliquer au niveau réseau, c'est celui de la technique du routage multi-chemin en tirant profit de tous les avantages qu'elle offre. Par contre, au niveau MAC, nous pouvons proposer par exemple, le mécanisme de différentiation de service ou d'évitement de collisions.

2.3.5 Niveaux de QdS

Les trois principaux niveaux de qualité de service (niveaux de services), du plus dur au plus souple, sont les suivants :

– *QdS garantie (ou déterministe)* : pour offrir des garanties absolues en termes de délai ou de fiabilité, il est nécessaire d'utiliser des protocoles d'accès déterministes et synchronisés, des protocoles de routages sophistiqués impliquant beaucoup d'échanges de données et de mécanismes de QdS. D'autre part, les contraintes d'énergie, de mémoire et de ressources processeur rendent impossible la mise en œuvre de tous ces protocoles. Ce niveau est généralement exigé par les applications temps réel critiques (strictes).

– *QdS probabiliste* : une QdS probabiliste offre un traitement différent selon les caractéristiques du service demandé tout en garantissant d'une manière probabiliste une ou plusieurs métriques de performance. Typiquement, il s'agit de garantir qu'une métrique par exemple la qualité de lien ne dépasse pas un taux d'erreur de 0.1% dans 70% des cas.

– *QdS best-effort (à meilleur effort)* : cela consiste à fournir un traitement différent selon les caractéristiques du service demandé sans pour autant garantir des performances déterministes. Plus besoin d'avoir un protocole déterministe ni d'approche préventive pour le contrôle du trafic. Le réseau fera de son mieux pour améliorer la QdS fournie mais ne donne aucune assurance pour y parvenir.

Vu la dynamique du réseau et les variations temporelles que peut subir le canal sans fil, la fourniture de la QdS *best-effort* qui est simple à gérer et moins coûteuse est souhaitable dans l'application de surveillance vidéo.

2.4 La norme IEEE 802.15.4/ZigBee

Dans cette section, nous allons détailler les deux normes IEEE 802.15.4 et ZigBee sur lesquelles nous nous sommes basés pour réaliser notre travail de thèse. Nous expliquerons les différentes fonctionnalités de ces deux normes en insistant sur la couche MAC et la couche réseau.

2.4.1 IEEE 802.15.4

IEEE 802.15.4 [18] est un standard spécifié et conçu pour répondre aux besoins des réseaux personnels sans fil à faible débit (*Wireless Personal Area Networks : LR-WPAN*) en mettant

2.4 La norme IEEE 802.15.4/ZigBee

l'accent sur la permission de diverses applications omniprésentes nécessitant une interaction avec notre environnement. Différent des WLAN (par exemple, IEEE 802.11.a/b/g [34]) et d'autres technologies WPAN (par exemple, IEEE 802.15.1/3 [35]) qui mettent l'accent sur les débits de données élevés et les applications de qualité de service pour des réseaux mobiles sans fil de taille réduite, IEEE 802.15.4 est prévu pour être déployé sur un nombre massif de dispositifs sans fil statiques, qui sont généralement de petite taille, peu coûteux, à batterie longue durée de vie et à faibles capacités de calcul. Ainsi, la norme est idéale non seulement pour les LR-WPAN, mais aussi pour les RCSFs. En outre, avec les applications croissantes de l'informatique mobile et omniprésente, un réseau sans fil à base de IEEE 802.15.4 peut devenir un "réseau ad hoc opportuniste" en installant des points d'accès pour permettre l'interconnexion avec d'autres réseaux filaires/sans fil (par exemple, Internet, WLAN ou WPAN).

Deux types de dispositifs sont présents dans la norme IEEE 802.15.4 : les FFD (*Full Function Device*) et les RFD (*Reduced Function Device*). Un dispositif FFD supporte toutes les fonctionnalités IEEE 802.15.4 et est idéal pour la fonction routeur du réseau. Il peut fonctionner selon trois profils différents dans le réseau : celui d'un coordinateur du PAN (*Personnal Area Network*), d'un coordinateur ou d'un simple dispositif lorsque ses fonctionnalités de routage et de gestion sont désactivées. Par contre, un dispositif RFD supporte des fonctionnalités limitées pour contrôler le coût et la complexité. Un nœud simple RFD est un dispositif qui a généralement des capteurs de mesure intégrés. Il est associé à un seul nœud FFD à un instant donné.

La norme IEEE 802.15.4 supporte deux types de topologies présentées dans la figure 2.8 : la topologie étoile (*star topology*) et la topologie pair-à-pair (*Peer-to-Peer topology*). En topologie étoile, les nœuds communiquent uniquement avec un nœud central, qui est le coordinateur du PAN et il est le seul dispositif à pouvoir accepter de nouvelles associations dans le réseau. La taille du réseau est limitée à la portée du coordinateur du PAN. Ce type de topologie est typiquement utilisé pour les applications domotiques, gestion des périphériques, etc. Dans une topologie pair-à-pair, nous avons toujours un coordinateur de PAN, mais tous les nœuds sont capables de communiquer les uns avec les autres, à condition qu'ils soient dans la portée radio l'un de l'autre. Contrairement à la topologie étoile, les coordinateurs fils du coordinateur du PAN permettent à d'autres nœuds de s'associer au réseau à travers eux. Cela permet la formation d'un réseau plus complexe et plus large comme les réseaux maillés. Parmi les applications qui profitent d'une topologie pair-à-pair, nous trouvons, par exemple, les applications de surveillance et de maintenance industrielles.

Couche physique

La couche physique du standard IEEE 802.15.4 fournit les services de gestion du module radio et de transmission de bits sur le médium radio. Elle réalise la sélection des canaux, la modulation du signal et gère la puissance d'émission. Les informations (découpées en trames de tailles variables par la sous-couche MAC) sont envoyées selon une modulation donnée. Le débit proposé varie en fonction de la fréquence et de la modulation [72] comme le montre la table 2.3 tirée de [73]. L'utilisation des fréquences dépend de l'environnement et de la législation (qui est variable selon les pays). Cette couche est généralement intégrée dans le module radio.

2.4 La norme IEEE 802.15.4/ZigBee

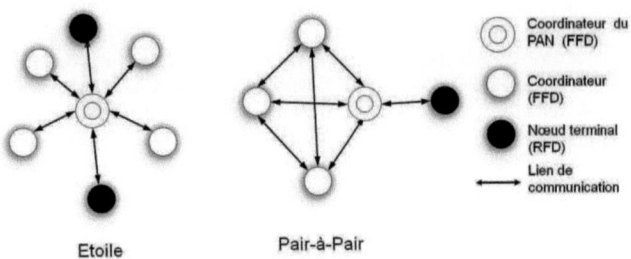

FIGURE 2.8 – Exemples de topologies étoile et pair-à-pair

PHY	Bande (MHz)	Nbre canaux (n°)	Région	Etalement de spectre		Données		
				Débit Chip (kChip/s)	Modulation	Débit binaire (kbit/s)	Débit Symboles (kSymb/s)	Symboles
868/915	868 ~ 868.6	1 (0)	Europe	300	BPSK	20	20	Binaires
	902 ~ 928	10 (1~10)	USA	600	BPSK	40	40	Binaires
2450	2400 ~ 2483.50	16 (11~26)	Toutes	2000	O-QPSK	250	62.5	16-ary orthogonal

TABLE 2.3 – Récapitulatif de la couche physique dans IEEE 802.15.4

Les fréquences basses permettent généralement d'atteindre de plus grandes portées (due à de plus faibles pertes lors de la propagation). Les fréquences plus grandes permettent d'obtenir une latence faible (car le débit est plus grand), un nombre de canaux plus important, mais conduisent à une portée réduite. La couche physique du standard IEEE 802.15.4 offre au total 27 canaux (numérotés de 0 à 26) sur l'ensemble des trois bandes de fréquences (Table 2.3).

Elle prend en charge les tâches suivantes :

- *L'activation et la désactivation du module radio* : la radio pourra prendre trois états différents : réception, émission et économie d'énergie (mode veille).
- *La détection de l'énergie sur le canal courant* : il s'agit d'une estimation de l'énergie reçue sur un canal. Cette estimation est utilisée pour la sélection du canal et pour l'échantillonnage du canal CCA (*Clear Channel Assessment*), afin de déterminer si le canal est libre ou occupé.
- *L'indication de la qualité du lien (LQI : Link Indication Quality)* : cette indication évalue la qualité du signal reçu suite à la réception correcte d'une trame sur un lien.
- *La sélection du canal* : la sélection d'un canal de transmission parmi les différents canaux disponibles.

2.4 La norme IEEE 802.15.4/ZigBee

Couche MAC

La couche MAC, comme son nom l'indique, aura pour rôle de gérer l'accès au canal avec le mécanisme CSMA/CA. Cette couche offrira un mécanisme d'économie d'énergie, une des fonctionnalités les plus importantes dans les réseaux de capteurs sans fil. Nous pouvons résumer ce mécanisme d'une manière très simple : l'utilisation de la radio représentant le plus grand facteur de dépense énergétique doit être limitée au strict minimum en la gardant éteinte la majorité du temps. La couche MAC offre aussi d'autres fonctionnalités de contrôle liées à l'implantation des procédures de gestion des beacons, l'accès au canal, la gestion des GTS (*Guaranteed Time Slot*), la validation des trames, la délivrance des acquittements ainsi que les fonctions d'association et de désassociation. En plus, elle implante les mécanismes de sécurité nécessaires à la protection des données (principalement le cryptage AES (*Advanced Encryption Standard*)).

Le standard IEEE 802.15.4 propose quatre types de trames pour les échanges entre les nœuds (détaillées en annexe) :

1. Les trames Beacon (*Beacon frame*) qui sont envoyées uniquement par les nœuds coordinateurs et servent à administrer le réseau.
2. Les trames de données (*Data frame*) servent au transfert des données utiles entre les nœuds.
3. Les trames d'acquittement (*Acknowledgment frame*) servent à notifier la bonne réception des trames.
4. Les trames de contrôle (*Command frame*) servent à effectuer des demandes spécifiques comme par exemple l'association au réseau.

La couche MAC IEEE 802.15.4 supporte deux modes de fonctionnement selon les besoins applicatifs : le mode non slotté et le mode slotté.

En mode non slotté, il n'y a pas d'émission de beacon donc pas de synchronisation entre les différents nœuds du réseau. Les nœuds voulant émettre des données doivent utiliser le protocole CSMA/CA non slotté, c'est-à-dire que le début d'une émission se fait dès que le médium est jugé être libre.

En mode slotté, le coordinateur envoie périodiquement un beacon pour synchroniser l'activité des nœuds qui lui sont attachés selon une structure de supertrame. Une supertrame est délimitée par la transmission (ou la réception) d'un beacon, et possède une période d'activité et une période d'inactivité (éventuellement vide). Tous les nœuds sous la responsabilité d'un coordinateur sont synchronisés grâce au beacon reçu et partagent la même période d'activité. Tous les nœuds peuvent passer en mode sommeil dès qu'ils se trouvent dans la période d'inactivité. La période d'activité est composée de deux parties : la période avec contention, appelée CAP (*Contention Access Period*) et la période sans contention, appelée CFP (*Contention Free Period*). Le beacon est envoyé par le coordinateur au début de la CAP. La CAP définit un intervalle de temps pendant lequel tous les nœuds entrent en concurrence pour accéder au

2.4 La norme IEEE 802.15.4/ZigBee

médium (avec le mécanisme de CSMA/CA slotté). La CAP est découpée en seize intervalles de temps de durées égales. La CFP est optionnelle, elle est aussi connue sous le nom de GTS (*Guarenteed Time Slots*) dont le nombre de *slots* est limité à 7. L'allocation des GTS se fait à la demande des nœuds durant la CAP et l'accès au médium est basée sur le mécanisme TDMA.

La figure 2.9 illustre les différentes périodes de la supertrame. La durée entre deux beacons, dénotée par *BI* (*Beacon Interval*) sur la figure est déterminée par le paramètre *BO* (*macBeaconOrder*). La durée de la période d'activité, dénotée *SD* (*Superframe Duration*) est déterminée, quant à elle, par le paramètre *SO* (*SuperframeOrder*). Les valeurs de ces deux périodes sont données par les formules suivantes :

$$BI = aBaseSuperframeDuration \times 2^{BO} \quad (2.1)$$
$$SD = aBaseSuperframeDuration \times 2^{SO} \quad (2.2)$$

Avec $0 \leq SO \leq BO \leq 14$ et $aBaseSuperframeDuration$ est un attribut de la couche MAC qui est égal par défaut à $15,36$ ms. Notons que quand *SO* est égal à *BO*, la supertrame ne dispose pas d'une période d'inactivité et les nœuds sont toujours actifs.

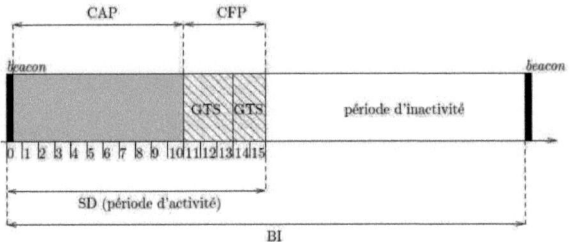

FIGURE 2.9 – Structure de la supertrame

La figure 2.10, montre les deux modes de fonctionnement utilisés par le standard IEEE 802.15.4.

Au sein de ces deux modes de fonctionnement et selon la topologie utilisée, le standard définit trois modes de transfert de données :

- *Transmission de données des fils vers le coordinateur (transmission directe)* : les données sont envoyées à partir des nœuds fils vers leur coordinateur.
- *Transmission de données du coordinateur vers ses fils (transmission indirecte)* : les données sont envoyées par le coordinateur vers ses fils.
- *Transmission de données pair-à-pair* : si le réseau est un réseau de type pair-à-pair les nœuds communiquent entre eux en utilisant le CSMA/CA non slotté.

2.4 La norme IEEE 802.15.4/ZigBee

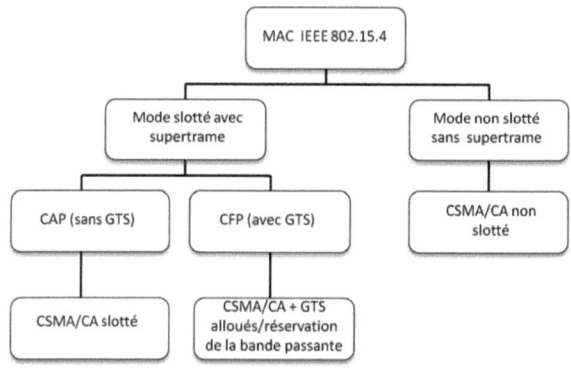

FIGURE 2.10 – Modes de fonctionnement dans IEEE 802.15.4

Mécanisme CSMA/CA

Le standard IEEE 802.15.4 [18] offre deux variantes du protocole CSMA/CA pour l'accès partagé au support illustrées par la figure 2.11. Dans les deux variantes, le protocole utilise une granularité du temps discrétisé appelée BP (*Backoff Period*) qui correspond à 20 symboles [1]. Pour la supertrame par exemple, chaque *slot* est constitué de plusieurs BP (Figure 2.9).

Dans le protocole CSMA/CA slotté, chaque opération (accès au canal, CCA, décompte de backoff) ne peut se faire qu'au début d'un BP. De plus, les intervalles de BP doivent être alignés avec ceux de la supertrame. Dans celui du non slotté, les BP d'un nœud sont totalement indépendants de ceux des différents autres nœuds. CSMA/CA dépend essentiellement de trois variables [74] :

1. BE (*exposant du backoff*) : elle permet le calcul du délai de BP. Ce délai correspond au temps aléatoire (compris entre 0 et ($2^{BE}-1$)) que doit attendre le nœud avant d'effectuer la procédure de CCA. La valeur minimale de BE est appelée *macMinBE*. Elle est égale à trois par défaut.
2. CW (fenêtre de compétition) : elle représente, le nombre de fois où le canal est détecté libre (*idle*) avant d'accéder au canal (fixé à deux par le standard).
3. NB (nombre de backoffs) : il représente le nombre de fois où le nœud tente de transmettre avant de déclarer un échec de transmission.

CSMA/CA slotté se déroule en 5 étapes :
1. Initialisation des paramètres NB à 0, CW à 2 et BE à *macMinBE* ou à 2 en fonction du paramètre du prolongement de la durée de vie de la batterie et repérage des bornes de la prochaine BP.
2. Appel de la procédure de CCA à l'expiration du délai.
3. Exécution de la procédure CCA si le canal est occupé il passe à l'étape (4) sinon il passe à l'étape (5).

---
[1]. 0.32 ms pour un débit de 250 kbps

2.4 La norme IEEE 802.15.4/ZigBee

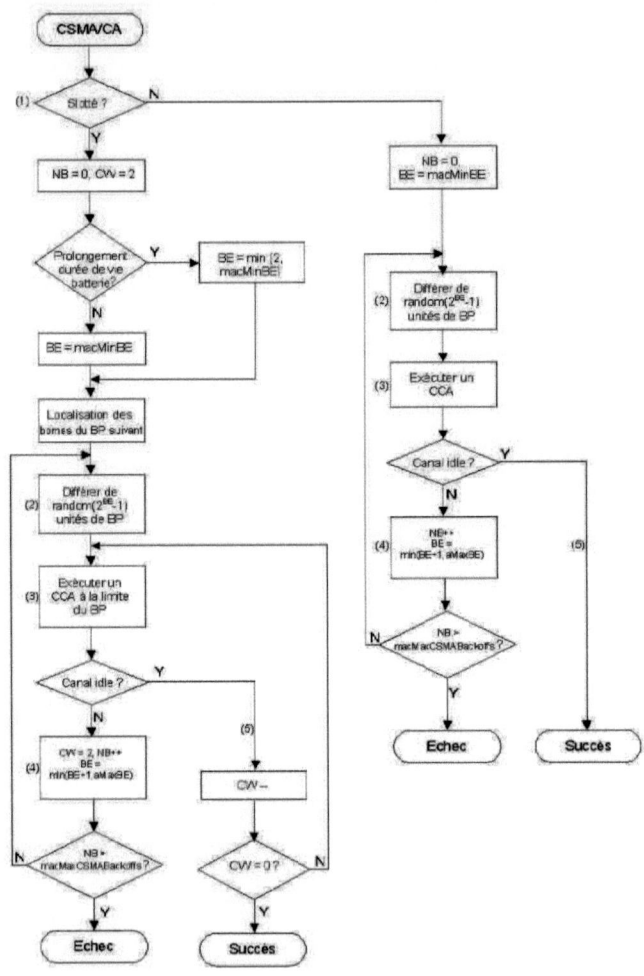

FIGURE 2.11 – Le protocole CSMA/CA

2.4 La norme IEEE 802.15.4/ZigBee

4. Le canal est occupé : la valeur de CW est réinitialisée à 2 et celle de BE est incrémentée (la valeur maximale est *aMaxBE* qui est égale à cinq par défaut). Si le canal est détecté occupé pendant *macMaxCSMABackoffs* (valeur par défaut égale à quatre) la transmission échoue et l'algorithme signale l'échec à sa couche MAC.
5. Canal libre, la valeur de CW est décrémentée. Si elle atteint 0 alors le nœud tente une transmission. Sinon, la procédure de CCA est exécutée pour la deuxième fois. Cette valeur est mise à deux pour permettre la transmission des messages d'acquittement.

Les étapes de CSMA/CA non slotté sont presque ceux du slotté à l'exception que celui-ci n'utilise pas la variable CW et ne fait pas de repérage des bornes de la BP suivante puisqu'il n'utilise pas la structure de la supertrame.

L'implémentation du CSMA/CA dans IEEE 802.15.4 est très proche de celle de IEEE 802.11, à deux exceptions près :

1. Absence de RTS/CTS : la méthode d'accès avec contention de 802.15.4 ne prévoit pas de mécanisme pour réserver le médium avant de commencer à émettre les données.
2. Gestion des temps inter-trames : IEEE 802.15.4 en prévoit trois, du plus court au plus long :
   (a) t_{ACK} est le délai imposé entre une trame de données et son acquittement. Il doit être le plus court possible, mais dans tous les cas supérieur à *aTurnaroundTime* (192µs).
   (b) SIFS (*Short Inter-Frame Spacing*), suit les trames dites "courtes", c'est-à-dire d'une longueur inférieure ou égale à *aMaxSIFSFrameSize* (18 octets).
   (c) LIFS (*Long Inter-Frame Spacing*), suit les trames dites "longues", c'est-à-dire d'une longueur strictement supérieure à *aMaxSIFSFrameSize* (18 octets).

Dans un objectif d'économie d'énergie, cette gestion des temps inter-trames, en fonction de la longueur de la trame, est nécessaire compte tenu des faibles ressources de traitement (CPU) des nœuds récepteurs.

2.4.2 ZigBee

Le standard ZigBee [17] est défini et soutenu par la ZigBee Alliance [38]. C'est une association composée de grands industriels dont Motorola, Philips, Samsung, etc. Renforcée de jour en jour par de nouveaux membres, s'est focalisée sur le développement des couches supérieures (application et réseau) d'un LR-WPAN qui forment avec le standard IEEE 802.15.4 (les couches basses MAC et PHY) le protocole ZigBee. Ce dernier peut être utilisé dans la domotique, la médecine, la robotique, les RCSFs, etc. Nous nous intéressons principalement dans cette partie à la couche réseau du protocole ZigBee NWK.

La couche réseau du standard ZigBee prévoit l'utilisation de trois types de nœuds pour constituer un réseau. Un nœud ZigBee peut donc être :

1. Un coordinateur ZigBee (ZC, *ZigBee Coordinator*). Ce dispositif est un FFD et correspond au coordinateur du PAN défini dans le standard IEEE 802.15.4.

2.4 La norme IEEE 802.15.4/ZigBee

2. Un routeur ZigBee (ZR, *ZigBee Router*). Ce dispositif est un FFD et correspond au coordinateur défini dans le standard IEEE 802.15.4.
3. Un périphérique ZigBee (ZED, *ZigBee End-Device*). Ce dispositif est un RFD et correspond au dispositif simple ou réduit défini dans le standard IEEE 802.15.4.

La couche réseau inclut des mécanismes qui permettent :
– la création d'un nouveau réseau et l'attribution des adresses (ou bloc d'adresses) aux nouveaux nœuds. Ces fonctions sont assurées uniquement par le ZC ;
– à un nœud de joindre ou quitter un réseau ;
– de sécuriser le transfert de données ;
– le routage des trames ;
– la découverte et maintenance des chemins entre les périphériques ;
– la découverte des voisins directs ;
– la sauvegarde d'informations sur les voisins.

Comme pour la couche MAC IEEE 802.15.4, la couche réseau supporte deux types de topologies : topologie étoile et topologie maillée. Un cas particulier de la topologie maillée est la topologie arborescente appelée *cluster-tree*. Dans la topologie étoile, le réseau est créé et contrôlé par le coordinateur du PAN. Cette topologie est similaire à celle définie dans le standard IEEE 802.15.4. Dans la topologie cluster-tree, la création de l'arbre est initiée par le coordinateur du PAN. Les coordinateurs et les nœuds simples souhaitant joindre le réseau sont associés à des coordinateurs qui sont déjà associés à l'arbre du réseau, en formant des liens père-fils. Cette topologie peut utiliser la structure de supertrame pour la communication (mode slotté défini dans IEEE 802.15.4) et les paquets peuvent être routés selon le routage hiérarchique de l'arbre sans échange d'informations de routage particulières. En revanche, dans la topologie maillée, aucune hiérarchie n'existe entre les coordinateurs et la communication entre les nœuds est de type pair-à-pair utilisant le mode de fonctionnement non slotté.

Adressage

La spécification ZigBee autorise deux types d'adressage : un adressage libre laissé à la convenance de la couche supérieure et un adressage de type hiérarchique en cluster-tree. Si la variable booléenne *nwkUseTreeAddrAlloc* contient la valeur *False*, les adresses sont allouées d'une manière incrémentale par la couche application jusqu'à l'épuisement des adresses. Sinon, l'adressage suit une structure d'arbre et est fait de façon à allouer équitablement à chaque père potentiel une partie des adresses qu'il peut distribuer à ses fils.
Pour réaliser cette distribution d'adresses, chaque routeur doit connaître sa profondeur (notée d (*depth*), c'est-à-dire le nombre de sauts à effectuer pour atteindre le coordinateur), ainsi que trois autres paramètres :

1. *nwkMaxDepth* ou L_m : qui fixe la profondeur maximale du réseau ZigBee,
2. *nwkMaxRouters* ou R_m : qui fixe le nombre maximal de routeurs de profondeur $d+1$ associés à un routeur de profondeur d,
3. *nwkMaxChildren* ou C_m : qui fixe le nombre maximal de nœuds (ZR ou ZED) associés à un routeur.

2.4 La norme IEEE 802.15.4/ZigBee

Connaissant ces quatre paramètres $(d, L_m, R_m$ et $C_m)$, il est possible de calculer les différentes adresses des nœuds qui s'associent à un routeur de profondeur d et d'adresse A_p. Les adresses dans $[1, R_m]$ et $[R_m + 1, C_m]$ sont affectées à ses fils ZRs et ZEDs respectivement, ainsi les adresses réseau du $k^{ième}$ ZR et du $n^{ième}$ ZED seront calculées comme suit :

$$A_k = A_p + Cskip(d).(k-1) + 1, \quad k \in [1, R_m] \qquad (2.3)$$
$$A_n = A_p + Cskip(d).R_m + n, \quad n \in [1, C_m - R_m] \qquad (2.4)$$

$Cskip(d)$ est donné par :

$$Cskip(d) = \begin{cases} 1 + C_m.(L_m - d - 1) & \text{si } R_m = 1 \\ \frac{C_m.R_m^{(L_m-d-1)} + R_m - C_m - 1}{R_m - 1} & \text{sinon} \end{cases} \qquad (2.5)$$

La figure 2.12 montre un exemple de distribution d'adresses aux nœuds d'une topologie en cluster-tree. Les paramètres du réseau sont fixés aux valeurs suivantes : $C_m = 5$, $R_m = 4$ et $L_m = 2$. Les liens représentent les communications père-fils dans le réseau. Le coordinateur du PAN a l'adresse 0. Dans cet exemple, nous avons $Cskip(0) = 6$ et $Cskip(1) = 1$. Les deux nombres qui sont entre crochets sont respectivement l'adresse du nœud (équation 2.3 et 2.4) et la valeur de $Cskip(d)$ (équation 2.5). Les autres nombres représentent seulement les adresses des nœuds. Le coordinateur du PAN alloue à son premier fils coordinateur l'adresse 1 et la plage d'adresses $(1,6)$, alloue à son second fils coordinateur l'adresse 7 et la plage d'adresse $(7,12)$, alloue à son troisième fils coordinateur l'adresse 13 et la plage d'adresses $(13,18)$, à son quatrième fils coordinateur l'adresse 19 et la plage d'adresses $(19,23)$ et alloue à son unique dernier fils simple $(C_m - R_m = 1)$ l'adresse 24. Les autres nœuds réalisent l'affectation d'adresses de la même manière. Notons qu'un coordinateur de profondeur L_m n'accepte aucune association.

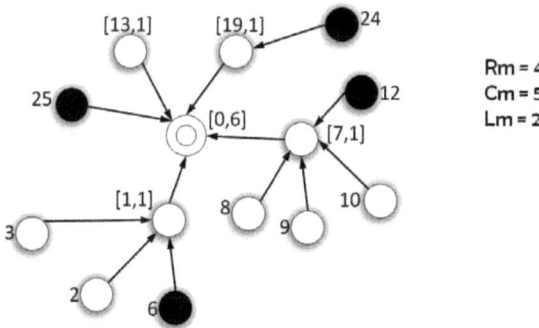

FIGURE 2.12 – Distribution d'adresses dans une topologie cluster-tree

2.4 La norme IEEE 802.15.4/ZigBee

Routage

Du fait de la mémoire très limitée des nœuds, le routage ZigBee [73] suit le principe de base suivant : Si la table de routage contient une entrée qui correspond au routage demandé, il faut router le paquet selon cette entrée. Si elle ne contient aucune entrée et si la mémoire libre le permet, il faut lancer le processus de découverte de chemin selon le routage à la demande. Sinon, il faut router le paquet selon le routage hiérarchique (*Tree Routing*). Dans ce cas, le routage hiérarchique ainsi que l'adressage selon la structure arborescente doivent être activés.

Algorithme de routage à la demande

L'algorithme de routage à la demande proposé par la ZigBee Alliance est proche d'AODV [75]. La seule différence se situe dans la fonction de coût d'un lien. AODV est un protocole de routage purement à la demande, c'est-à-dire que les nœuds qui participent au routage ne cherchent pas à maintenir des informations sur la topologie du réseau ou sur les chemins. Lorsqu'un nœud veut envoyer un message à un autre nœud et qu'il ne possède pas l'entrée correspondante dans sa table de routage, il lance le processus de recherche de chemin (*Path Discovery*) en diffusant une requête de recherche de chemin (RREQ : *route-request*). Cette requête est relayée par les routeurs voisins, et ainsi de suite, par inondation sur tout le réseau. Lorsque le nœud de destination reçoit la requête, il répond en envoyant un message de réponse (RREP : *route-reply*) mais à la différence du RREQ qui a été envoyé par diffusion, le RREP est envoyée uniquement en unicast jusqu'au nœud source de RREQ. Pour retrouver le chemin inverse, chaque routeur recevant un message RREQ doit mémoriser par quel voisin ce message lui est parvenu.

Algorithme de routage hiérarchique

Les nœuds ayant la capacité de router des paquets auront besoin de garder uniquement les adresses de leurs fils et de leur pères. Les nœuds simples n'ayant pas de capacité de routage relayeront directement les paquets à leur pères et de ce fait n'auront qu'une adresse à garder en mémoire. Puisque les adresses sont attribuées de façon hiérarchique, le prochain saut vers lequel un paquet doit être routé peut être facilement déduit. Le principe du routage hiérarchique est donné par l'algorithme 1. Le problème principal de cet algorithme de routage est que, de part sa structure arborescente, il ne permet pas la redondance des liens comme dans un réseau maillé. Si une rupture de lien survient, c'est toute une partie du réseau qui se retrouve isolée. Conceptuellement, sa fiabilité paraît plus faible que celle d'un réseau maillé.

La figure 2.13 reprend l'exemple illustré dans la figure 2.12. Les flèches représentent le chemin hiérarchique de la source S d'adresse 24 vers la destination D d'adresse 3. Le nœud simple source S envoie le paquet à son père, qui est le nœud coordinateur d'adresse 19. Ce coordinateur remarque que l'adresse de la destination finale n'appartient pas à sa plage d'adresse (19, 23), et envoie donc le paquet à son père, le coordinateur du PAN, qui a l'adresse 0. Le coordinateur du PAN doit déterminer si la destination D d'adresse 3 appartient à sa plage d'adresses (0, 25). Puisque c'est le cas, le coordinateur du PAN doit déterminer si la destination est l'un de ses fils, ou si le paquet doit être envoyé à un fils coordinateur intermédiaire. Ici, le coordinateur 0 détecte que la destination D appartient à la plage d'adresse (1, 6) de son fils coordinateur d'adresse 1. Donc, le coordinateur du PAN achemine le paquet vers ce fils coordinateur. Finalement, ce coordinateur détermine que la destination D d'adresse 3 est l'un de ses coordinateurs fils, et lui envoie directement le paquet.

2.4 La norme IEEE 802.15.4/ZigBee

Algorithm 1 Algorithme du routage hiérarchique
Inputs :
d_c : la profondeur du routeur courant.
A_c : adresse du routeur courant.
A_p : adresse du père du routeur courant.
A_d : adresse de la destination.

Output : A_x : adresse du prochain nœud.

1: **if** $A_c < A_d < A_c + Cskip(d_c - 1)$ **then**
2: {adresse de la destination est un nœud descendant}
3:   **if** $A_d > A_c + R_m.Cskip(d_c)$ **then**
4:     {il est un nœud fils}
5:     $A_x = A_d$ {le paquet de données est directement envoyé au nœud fils}
6:   **else**
7:     $A_x = A_c + 1 + \lfloor \frac{A_d - A_c - 1}{Cskip(d_c)} \rfloor.Cskip(d_c)$ {prochain nœud est un ancêtre du nœud destination et le paquet de données est envoyé vers le bas de l'arborescence}
8:   **end if**
9: **else**
10:   $A_x = A_p$ {prochain nœud est le nœud père. Le paquet de données est envoyé vers le haut de l'arborescence}
11: **end if**

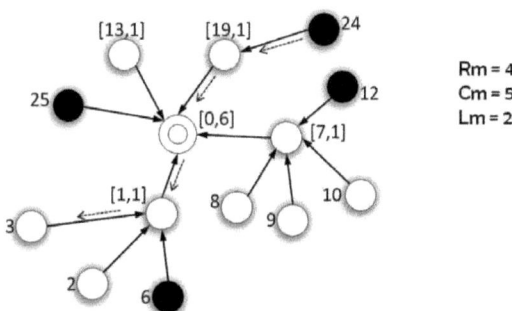

FIGURE 2.13 – Exemple d'un chemin de routage hiérarchique de la source 24 à la destination 3.

2.4 La norme IEEE 802.15.4/ZigBee

2.4.3 Limites de la norme IEEE 802.15.4/ZigBee et les extensions proposées

Dans la section 2.2.5, nous avons retenu que la technologie la plus adaptée aux applications traditionnelles de RCSFs était la norme IEEE 802.15.4/ZigBee. Dans cette section, nous avons décrit les trois niveaux (physique, MAC et réseau) de cette norme. Néanmoins, avec le progrès technologique et la disponibilité de plates-formes sophistiquées, de nouvelles applications sont apparues qui manipulent des données volumineuses (applications haut débit/ multimédia) et exigent la fourniture de la QdS, que la spécification de la norme telle qu'elle ne peut pas en fournir et satisfaire leurs besoins. Nous présentons à présent les différentes limites que nous avons identifiées au niveau des protocoles routage et MAC au regard de ce nouveau type d'applications.

Au niveau réseau

ZigBee a été conçue pour des applications à faible débit qui utilisent le routage mono-chemin hiérarchique ou de type AODV pour acheminer les données vers le *Sink*. Ceci est suffisant pour les applications traditionnelles de RCSFs, mais avec l'arrivée de nouvelles applications avancées, la charge du trafic a augmenté dans le réseau et a posé des défis de performance significatifs, ce qui nécessite que le RCSF soit capable de fournir un débit plus élevé avec satisfaction des exigences de qualité de service en termes de fiabilité, délai de bout en bout, taux de livraison de données et la consommation d'énergie. Pour de telles applications, l'utilisation d'un routage mono-chemin devient insuffisant pour répondre à leurs besoins. En effet, dans un routage mono-chemin, chaque nœud source envoie ses données au *Sink* via le chemin le plus court. En cas de rupture d'un lien du chemin de routage, à cause d'un nœud défaillant, par exemple, l'initiation du processus de découverte d'un nouveau chemin devient nécessaire, ce qui augmentera la consommation d'énergie. D'un autre côté, la défaillance d'un nœud entraîne le rejet de paquets et peut entraîner un retard dans la transmission des données au *Sink* ; par conséquent, les exigences en termes de fiabilité pour des applications industrielles ou en termes de débit et de temps réel pour des applications à haut débit/ multimédia ou de type critiques ne sont pas remplies. Il est souhaitable de trouver d'autres méthodes permettant de réduire les effets négatifs de la défaillance des nœuds sur les performances du réseau.

Au niveau MAC

Au niveau MAC, le standard IEEE 802.15.4 présente certaines failles en mode slotté qui est géré par une supertrame composée de la période avec contention (CAP) et la période sans contention (CFP).

– Comme nous l'avons évoqué précédemment, IEEE 802.15.4 offre néanmoins la possibilité d'utilisation du TDMA (GTS/CFP) pour transmettre des paquets plus efficacement que CSMA/CA lorsque le trafic nécessite un certain niveau de qualité de service. Cette possibilité est néanmoins limitée par le nombre de *slots* (7 au maximum), autrement dit, le standard ne fournit aucune possibilité au coordinateur d'une étoile de réserver a priori une part de la bande passante à certains nœuds que l'on pourrait qualifier de critiques. Ce qui est incompatible avec l'idée de QdS.

2.4 La norme IEEE 802.15.4/ZigBee

- La complexité de la réservation de *slots* dont la demande de réservation passe par CSMA/CA avec une durée de réservation à déterminer au moment de la réservation, cette dernière peut prendre beaucoup de temps à cause du délai sur lequel repose l'algorithme CSMA/CA et des collisions, ce qui ne permet pas une grande garantie de QdS.

- Du point de vue de l'efficacité énergétique, IEEE 802.15.4 maintient tous les nœuds actifs pendant la période active, ce qui n'est pas optimal surtout quand les nœuds n'ont pas de données à transmettre ou recevoir, en plus quand $B0 = SO$, c'est à dire pas de période inactive, le nœud est donc tout le temps actif. Par contre, dans le cas où la période inactive existe et est longue par rapport à la période active de telle sorte que le nœud capteur fonctionne avec un faible cycle d'activité, ceci permet d'économiser l'énergie et par conséquent prolonger la durée de vie du réseau mais au détriment de débit de données qui sera limité. Si ce faible débit peut être suffisant pour une transmission périodique de données de faible volume et/ou la remontée des événements rares, en revanche, il est difficile de transmettre des données en rafale de volume important et nécessitant un acheminement rapide/temps réel.

- Un autre problème est que ce mode slotté est conçu pour fonctionner en topologie étoile, ne supportant pas nativement les réseaux multi-saut, bien qu'il existe des travaux sur l'ordonnancement des beacons [76] pour le rendre utilisable dans un réseau multi-saut organisé en arbre (cluster-tree), mais ils se heurtent vite au problème de passage à l'échelle à cause de l'ordonnancement qui est statique.

- En plus, la transmission périodique des beacons en mode slotté consomme de la bande passante et peut causer des collisions avec les paquets de données, qui en conséquence dégrade les performances du réseau en termes de QdS exigée par les applications haut débit, par exemple. Contrairement, au mode non slotté, qui lui présente moins de complexité et dont l'efficacité a été prouvée par une étude comparative présentée dans [23]. Elle concerne la transmission de données de type scalaire et multimédia dans des réseaux IEEE 802.15.4 fonctionnant en mode slotté et non slotté. Sur la base des résultats obtenus, les auteurs ont montré que pour les nœuds capteurs transmettant un faible trafic de données scalaires, il est préférable d'opérer en mode slotté dont l'avantage est de réduire la consommation d'énergie. En revanche, pour les nœuds vidéo transmettant un trafic de données vidéo intensif, il est préférable de fonctionner en mode non slotté pour assurer un débit élevé et donc un transfert d'images plus stable. Une autre analyse dans [77] présente une étude sur la capacité effective du chemin en mode non slotté en utilisant des scénarios mono et multi sauts dans des réseaux IEEE 802.15.4. Les résultats analytiques et du banc d'essais (*testbed*) ont montré que le CSMA/CA non slotté (utilisé dans le mode non slotté est capable d'atteindre une meilleure utilisation du canal que le CSMA/CA slotté (utilisé dans le mode slotté), il permet la scalabilité et l'auto-organisation.

D'après ce qui vient d'être évoqué, des solutions pour remédier aux limites détectées aux niveaux MAC et réseau de la norme IEEE 802.15.4/ZigBee devraient être proposées pour permettre le transport de flux à haut débit et répondre aux exigences de QdS imposées par

2.4 La norme IEEE 802.15.4/ZigBee

ce nouveau type d'applications.

Dans le domaine des applications multimédia, par exemple, plusieurs travaux dans divers domaines liés à la transmission multimédia dans les RCSFs basés sur la norme IEEE 802.15.4/ZigBee, allant de la recherche sur du matériel spécialisé jusqu'au développement d'algorithmes et de protocoles efficaces, ont été réalisés. De tels efforts ont bel et bien participé à réduire la complexité et la difficulté du transport du trafic multimédia sur de tels réseaux à faible débit. La plupart de ces travaux se sont focalisés sur les deux couches du standard IEEE 802.15.4 et plus particulièrement sur la couche MAC fonctionnant en mode slotté dans un réseau en topologie étoile.

La disponibilité des codeurs vidéo avancés et des algorithmes de segmentation de la vidéo et du contrôle de débit au niveau de la couche application a énormément facilité le transport d'un tel trafic dans les réseaux ZigBee. Dans [78], l'auteur a utilisé la technique de ROI (*Region Of Interest*), qui consiste à transmettre au *Sink* seulement les informations sur une certaine région d'intérêt de la vidéo au lieu de la vidéo toute entière, ce qui optimise la consommation d'énergie de transmission. Dans [79], l'auteur a exploité la capacité du standard IEEE 802.15.4 de pouvoir offrir différents canaux (multi-canal) avec différentes interfaces (multi-interface) et la combiné à la technique de codage en multiples descriptions (MDC) pour transmettre la vidéo dans les réseaux IEEE 802.15.4. La faisabilité de transmettre du multimédia dans de tels réseaux a aussi été prouvée dans [80]. L'auteur a utilisé la caméra COTS CMOS avec la plate-forme TelG mote pour transmettre une image JPEG. Dans [81] inspiré de [80], les auteurs ont étudié la transmission de la vidéo MPEG-4 dans le même standard. Une solution inter-couche (*cross-layer*) entre la couche MAC et la couche application a été proposée pour améliorer la qualité vidéo transmisse. [82] propose une solution inter-couche pour le transport de la vidéo MPEG-4 sur un réseau IEEE 802.15.4 en topologie étoile. L'évaluation de la solution est effectuée par analyse, simulation et élaboration d'un premier prototype basé sur l'utilisation de la plate-forme Imote2 avec l'intégration de la carte IMB400 qui offre des capacités multimédia (image, vidéo et audio). L'objectif est de garantir l'arrivée du flux de données vidéo à temps en se basant sur l'utilisation de la période sans contention (*CFP*) et ses tranches de temps garanties (*GTS*) spécifiée dans le standard. [82] ne se base sur aucun mécanisme de routage puisque les données peuvent être transmises/reçues directement au/par le *Sink* dans une topologie étoile. Dans [32], l'auteur propose des améliorations au niveau de la couche MAC et la couche physique du standard IEEE 802.15.4 nécessaires pour les RCSFs pour qu'ils puissent supporter les applications haut débit.

Afin d'adapter les RCSFs, multi-saut basés sur IEEE 802.15.4/ZigBee, à supporter les applications haut débit, nous proposons dans ce travail deux extensions aux niveaux réseau et MAC. Pour remédier aux insuffisances du routage mono-chemin et hiérarchique de ZigBee présentées auparavant, nous avons choisi la technique du routage multi-chemin, qui est considérée parmi les mécanismes de QdS au niveau réseau tenant compte de la QdS exigée par ces applications. Il a été prouvé que l'utilisation d'une telle technique de routage améliore considérablement les performances du réseau [52][53][54][55]. L'extension du routage mono-chemin hiérarchique, dans un réseau en topologie cluster-tree, en routage multi-chemin, que nous détaillerons par la suite, est faisable grâce à la topologie maillée offerte aussi par la technologie ZigBee, permettant la possibilité de construire plusieurs chemins entre le nœud source et la destination *Sink*.

Par ailleurs, nous avons constaté, qu'aucun protocole MAC ne pourra garantir l'économie d'énergie et la qualité de service en même temps. Il y a toujours un compromis à faire entre

2.5 Conclusion

ces deux aspects selon les besoins essentiels de l'application. Dans le cas d'une application de surveillance vidéo, lorsqu'un évènement se produit, les nœuds capteurs envoient leurs données au *Sink* dans le plus bref délai tout en garantissant une bande passante suffisante pour la transmission de ces données volumineuses. La consommation d'énergie dans ce type de réseau est moins importante car ce réseau de capteurs est normalement déployé dans un milieu où il y a souvent de l'intervention humaine contrairement au réseau de capteurs de type contrôle environnemental (monitoring), où il y a rarement une présence humaines (sur des îles, au pôle nord, etc.). Par conséquent, la conception du protocole d'accès au canal doit permettre un débit élevé et un faible délai de transmission multi-saut pour de tels réseaux (applications). Le protocole MAC influe considérablement sur la performance du protocole de routage. La plupart des protocoles existants d'accès au médium pour les RCSFs de type monitoring utilisent des méthodes pour économiser l'énergie basées sur le mécanisme veille/réveil (*sleep/wakeup*) périodique des nœuds. Le délai de transmission est assez considérable dans ce type de protocole. En effet, lorsqu'un évènement se produit, si le nœud capteur est dans l'état veille et qu'un évènement est détecté, il ne peut pas envoyer les messages car ses nœuds voisins sont dans l'état veille. Ce nœud doit attendre jusqu'à la prochaine période active afin de transmettre les messages pour cet évènement. Pour une transmission multi-saut, ce délai devient encore plus important. De plus, le réseau peut devenir très vite congestionné lorsque la durée de cette période n'est pas assez grande. Les propositions existantes pour les réseaux de capteurs de type contrôle environnemental en utilisant les périodes veille/réveil (inactive/active) ne sont pas adaptables aux réseaux de capteurs de type surveillance vidéo orientée évènement où on s'intéresse beaucoup plus au débit et au délai de transmission des données.

Pour garantir la transmission d'une quantité importante de données vidéo avec un faible délai, il faut que les capteurs soient actifs à tous moments pour pouvoir transmettre l'évènement au *Sink*. Dans ce travail nous avons opté pour la solution CSMA/CA non slotté où tous les nœuds sont toujours actifs et prêts à recevoir ou à transmettre des données. Cette solution est simple à implémenter et ne nécessite pas la synchronisation entre les nœuds et l'ordonnancement des *slots* qui sont des mécanismes coûteux. Néanmoins, son inconvénient principal, est qu'elle ne fonctionne pas de manière efficace dans un réseau trop chargé menant à une dégradation rapide de ses performances. Cela rend le CSMA/CA inapproprié pour la QdS. La principale cause de cette dégradation de performances est due aux collisions provoquées par le problème du nœud caché. Pour cela, nous proposons de renforcer le fonctionnement du protocole CSMA/CA par la mise en œuvre d'un simple mécanisme d'évitement de collisions dues à ce problème. Avant de détailler ces deux contributions, nous présentons d'abord dans le chapitre suivant un état de l'art sur le routage et ses variantes ainsi que sur les différentes techniques de résolution du problème du nœud caché.

2.5 Conclusion

Dans ce chapitre nous nous sommes concentrés sur la présentation des réseaux de capteurs sans fil, une catégorie de réseaux qui fait partie intégrante de notre vie quotidienne. Cette nouvelle technologie suscite un intérêt croissant étant donnée son spectre, très large d'applications : domaine militaire, santé, environnement, industrie et multimédia. Contrairement aux applications traditionnelles de RCSF qui se préoccupent principalement de l'optimisation de l'énergie, les applications avancées de RCSF doivent, en plus, prendre compte de la qualité de

2.5 Conclusion

service. Les RCSFs doivent intégrer des mécanismes de gestion de la qualité de service à différents niveau de la pile protocolaire qui permettent de répondre aux besoins des applications avancées. Nous avons présenté les différents mécanismes de QdS, notamment aux niveaux réseau et MAC. Nous avons ensuite décrit en détail la norme IEEE 802.15.4/ZigBee et également certaines limites pour lesquelles nous avons proposé des solutions qui seront détaillées dans la partie contribution à la recherche.

Chapitre 3
Etat de l'art

3.1 Introduction

De nos jours, l'approche du routage multi-chemin est largement utilisée dans les réseaux de capteurs sans fil et ceci grâce aux nombreux avantages qu'elle offre. Elle permet l'amélioration des performances du réseau grâce à une utilisation efficace de ses ressources. Dans le chapitre précédent, nous avons cité cette approche de routage parmi les mécanismes de QdS utilisés au niveau de la couche réseau du nœud capteur. Elle permet de fournir la QdS exigée par les applications des RCSFs, notamment les applications haut débit. Un grand nombre de protocoles de routage multi-chemin ont été proposés où chacun d'entre eux essaie d'apporter une solution selon l'objectif visé par l'application. Comme nous l'avons souligné dans le chapitre précédent, la méthode d'accès au médium la plus utilisée par les RCSFs est le CSMA/CA. Le problème avec cette méthode d'accès est que les performances du réseau se dégradent considérablement avec l'augmentation du nombre de nœuds sources ou de la charge du trafic dans le réseau, ce qui va augmenter le nombre de collisions des messages. Cette dégradation des performances est encore plus aiguë à cause de l'impact du problème du nœud caché.

Le chapitre est organisé comme suit. La première section présente un bref aperçu du routage mono-chemin et les protocoles qui ont été réalisés. La deuxième section, est consacrée à la technique du routage multi-chemin et propose une étude de l'état de l'art sur les protocoles de routage multi-chemin. La troisième section présente le problème du nœud caché et les travaux réalisés pour gérer ce problème. La quatrième section conclut le chapitre.

3.2 Le routage dans les RCSFs

La principale tâche des nœuds capteurs dans chaque application est de surveiller la zone cible et de transmettre leurs informations collectées vers le nœud $Sink$ afin d'effectuer des traitements spécifiques en fonction des besoins de l'application. Les ressources limitées des nœuds capteurs et le manque de fiabilité des liens sans fil, en combinaison avec les différentes exigences de performance de différentes applications imposent de nombreux défis dans la conception de protocoles de routage efficaces pour les RCSFs. Dans ce contexte, les chercheurs ont proposé de nombreux protocoles de routage, au niveau de la couche réseau de la pile protocolaire du nœud capteur, pour améliorer les exigences de performance des applications. La plupart des protocoles de routage existants dans les RCSFs sont conçus sur la base de la stratégie du rou-

3.2 Le routage dans les RCSFs

tage mono-chemin. Ces protocoles de routage peuvent être classés selon différents paramètres.

Classiquement, selon le processus de création des chemins, trois grandes familles de protocoles peuvent être distinguées : les proactifs, les réactifs et les hybrides.

- **Protocoles proactifs** : chaque nœud maintient une table de routage contenant des chemins à tous les autres nœuds du réseau. Ainsi, les chemins sont découverts et stockés même s'ils ne seront pas utilisés, cela entraîne la diffusion de nombreux messages de contrôle, qui engendre du trafic dans le réseau, réduisant ainsi la bande passante disponible pour l'envoi des données. De plus, cette émission permanente de messages entraîne une consommation d'énergie plus importante au niveau des nœuds du réseau, ce qui rend l'utilisation de ce type de protocole dans les RCSFs problématique. Les protocoles proactifs peuvent être inefficaces pour les réseaux dynamiques de grande taille. Des exemples de tels protocoles sont DSDV [83], OLSR [84], LEACH [85], PEGASIS [86], etc.

- **Protocoles réactifs** : aussi appelé *protocoles de routage à la demande*, les chemins sont donc uniquement cherchés à la demande lorsqu'un nœud a besoin d'envoyer un message vers un autre nœud destinataire. Le processus de découverte de chemins nécessite la transmission des requêtes de demande de chemins et l'attente d'une réponse fournissant un chemin vers la destination. À cause du temps de latence induit par ce processus de découverte, cette approche n'est pas adaptée pour les applications nécessitant une disponibilité immédiate de chemins. Les protocoles de routage AODV [75], DSR [87], SPIN [88] et DD [89] font partie de cette classe de protocoles.

- **Protocoles hybrides** : ces protocoles sont basés sur les approches hybrides qui visent à fournir une solution optimale en combinant les avantages des deux approches proactive et réactive. Ils utilisent un protocole proactif pour connaitre le proche voisin ainsi, ils disposent de chemins immédiatement. Au-delà de la zone du voisinage, le protocole hybride fait appel à un protocole réactif pour chercher des chemins. Les protocoles ZRP [90] et APTEEN [91] sont des exemples de protocoles hybrides.

Les auteurs de [92] ont proposé une autre classification de protocoles de routage selon deux points de vues différents : structure du réseau et la stratégie de routage du protocole (Figure 3.1). Selon le point de vue *structure de réseau*, nous distinguons les protocoles de routage plat, hiérarchique et géographique. Les protocoles de routage plat sont souvent des protocoles orientés données (*Data Centric*) où le *Sink* envoie des requêtes à certaines régions du réseau et attend des retours de données à partir des nœuds capteurs situés dans ces régions. Dans ce type de routage, tous les nœuds du réseau sont homogènes et ont les mêmes capacités de traitement et de transmission de données. SPIN (*Sensor Protocols for Information via Negotiation*) [88] et la diffusion dirigée DD (*Directed Diffusion*) [89] sont parmi les premiers travaux sur le routage orienté données. L'avantage de ces protocoles, est qu'ils nécessitent moins de messages de contrôle pour la maintenance de la topologie du réseau et favorisent la découverte de multiples chemins. Les protocoles de routage hiérarchique ont été à l'origine proposés pour améliorer la scalabilité du réseau et l'efficacité énergétique à travers le clustring des nœuds. Dans ce type de protocoles, les nœuds sont regroupés en clusters, le nœud ayant plus de ressources est désigné comme le chef du cluster (*Cluster Head*) et les autres nœuds à ressources réduites peuvent assurer la capture à proximité de la cible. Le routage hiérarchique

3.2 Le routage dans les RCSFs

est une manière efficace pour réduire la consommation d'énergie dans un cluster en effectuant l'agrégation des données afin de diminuer le nombre de messages transmis directement au *Sink* ou via d'autres chefs de clusters intermédiaires. LEACH (*Low-Energy Adaptive Clustering Hierarchy*) [85], PEGASIS (*Power-Efficient Gathering in Sensor Information Systems*) [86], TEEN (*Threshold-Sensitive Energy-Efficient Sensor Network Protocol*) [93] et APTEEN (*Adaptive Periodic Threshold-Sensitive Energy-Efficient Sensor Network Protocol*) [91] font partie de cette classe de protocoles de routage. Les protocoles de routage de la dernière classe utilisent l'information de localisation des nœuds (voisins et *Sink*) pour effectuer les décisions de routage. Afin de déterminer leurs positions géographiques, les nœuds utilisent soit des GPS (*Global Positioning System*) ou des techniques de localisation qui sont coûteuses pour des nœuds capteurs à ressources limitées. Nous citons comme exemple de protocoles de routage géographique GEAR (*Geographic and Energy-Aware Routing*) [94], GAF (*Geographic Adaptive Fidelity*) [95] et GPSR (*Greedy Perimeter Stateless Routing*) [96].

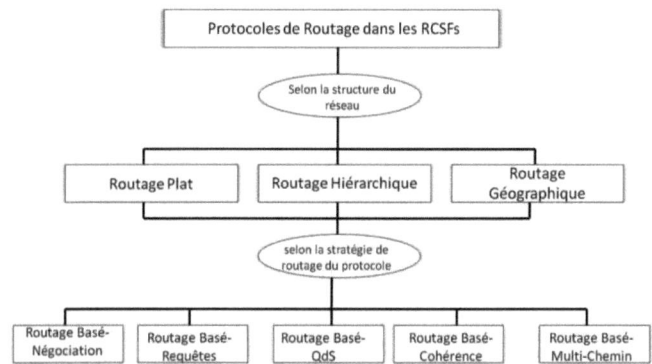

FIGURE 3.1 – Classification des protocoles de routage dans les RCSFs

Du point de vue stratégie de routage utilisée, tous les protocoles de routage existants dans les catégories mentionnées ci-dessus peuvent être également classés en protocoles de routage basés sur la négociation, les requêtes, la cohérence des données, la qualité de service et les chemins multiples. L'idée principale dans le routage basé sur la négociation entre les nœuds consiste à fournir des communications à efficacité énergétique en réduisant la redondance des données lors de leur transmissions. Dans ces protocoles (par exemple, la famille des protocoles SPIN [88]), chaque nœud capteur ajoute des descripteurs de données à un niveau élevé afin d'éliminer la transmission de données redondantes sur la base de la négociation. Dans le routage basé sur la requête, le nœud destinataire *Sink* envoie une requête de demande de données qui sera propagée dans le réseau, les nœuds sources qui satisfont cette requête envoient leurs données capturées aux nœud *Sink*. Le protocole DD [89] est un exemple de ce type de routage. Le principal avantage du routage basé sur la cohérence des données est l'efficacité énergétique. Les données sont envoyées aux nœuds agrégatifs du réseau afin de réduire la redondance des données. Les protocoles SPIN [88] et DD [89] utilisent l'agrégation de données

47

3.3 Le routage multi-chemin

et peuvent donc être considérés comme des protocoles de routage basés sur la cohérence de données. La quatrième catégorie de protocoles de routage (celle basée sur la QdS) est principalement conçue pour répondre aux exigences de QdS des différentes applications (délai, fiabilité, bande passante, etc.). L'objectif principal de cette approche est d'établir un compromis entre la consommation d'énergie et la QdS. Nous citons comme exemple de protocoles SAR (*Sequence Assignment Routing protocol*) [57], SPEED [56] et MMSPEED (*Multi-path Multi-SPEED*) [58]. Contrairement aux techniques de routage mono-chemin, les protocoles de routage multi-chemin permettent à chaque nœud source de découvrir plusieurs chemins vers le nœud récepteur *Sink* afin d'améliorer les performances du réseau. Il existe plusieurs protocoles dans cette catégorie comme par exemple, *Braided Multipath Routing* [52] et *N-to-1 Multipath Routing Protocol* [1].

La plupart des protocoles de routage mono-chemin ont été conçus sans tenir compte des effets de différents débits de données injectés dans le réseau. Dans cette technique de routage, chaque nœud source sélectionne un seul chemin, qui peut satisfaire les exigences de performance de l'application prévue, pour la transmission de son trafic vers le nœud *Sink*. Bien que la découverte du mono-chemin peut être effectuée avec une complexité de calcul et une utilisation de ressources minimales, la capacité limitée d'un mono-chemin réduit considérablement le débit du réseau. En outre, la faible flexibilité de cette approche contre les défaillances de nœuds ou de liens peut réduire de manière significative les performances du réseau dans les situations critiques. Lorsqu'un chemin actif ne parvient pas à transmettre des paquets de données (à cause d'épuisement d'énergie des nœuds capteurs, forte dynamique des liens sans fil ou des dommages physiques, etc.), la recherche d'un autre chemin permettant de poursuivre la transmission des données peut entraîner des messages de contrôle supplémentaires et un retard dans la livraison des données. Par conséquent, en raison des ressources limitées des nœuds capteurs et le manque de fiabilité des liaisons sans fil, les approches de routage mono-chemin ne peuvent pas être considérées comme des techniques efficaces pour répondre aux exigences de diverses applications. Afin de faire face aux limites de cette technique de routage, une autre stratégie de routage, appelée routage multi-chemin est devenue une technique prometteuse dans les RCSFs. Le déploiement dense de nœuds capteurs permet de construire plusieurs chemins entre chaque nœud capteur et le *Sink*. Dans ce qui suit, nous nous intéressons plus particulièrement à cette classe de protocoles de routage multi-chemin et les questions relatives qui doivent être prises en compte dans la conception de ces protocoles pour les RCSFs.

3.3 Le routage multi-chemin

Grâce aux avantages offerts par la technique du routage multi-chemin (section 2.3.3), cette technique est devenue une approche de routage très attractive et prometteuse. Elle a été largement utilisée par des applications avec différents objectifs : amélioration de la fiabilité de transmission des données, fourniture d'un routage tolérant aux pannes, contrôle de congestion et support de la qualité de service dans les réseaux filaires et sans fil traditionnels [52][53][54][55]. Toutefois, les contraintes liées aux RCSFs et les caractéristiques des communications radio sans fil introduisent de nouveaux défis qui devraient être abordés lors de la conception de tels protocoles. En conséquence, les protocoles de routage multi-chemin existants et qui ont été proposés pour les réseaux sans fil traditionnels (tels que les réseaux ad hoc) ne peuvent pas être directement utilisés dans les RCSFs. Au cours de ses dernières an-

3.3 Le routage multi-chemin

nées, cette question a motivé la communauté des chercheurs dans le domaine des RCSFs pour développer des protocoles de routage multi-chemin adaptés aux RCSFs.

Selon la deuxième classification des protocoles de routage mono-chemin donnée ci-dessus, trois classes de protocoles de routage multi-chemin peuvent être distinguées : le routage plat multi-chemin, le routage géographique multi-chemin et le routage hiérarchique multi-chemin. Cette dernière classe, donne naissance à trois autres sous classes : le routage multi-chemin en arbre, le routage multi-chemin en clusters et le routage multi-chemin en clusters-arbre (*Cluster-tree*) (Figure 3.2). Avant de donner des exemples de protocoles de chacune de ces classes, nous allons d'abord présenter les facteurs de conception des protocoles de routage multi-chemin.

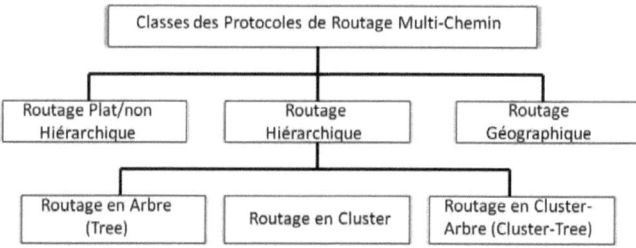

FIGURE 3.2 – Classification des protocoles de routage multi-chemin

3.3.1 Facteurs de conception des protocoles de routage multi-chemin

Chaque protocole de routage multi-chemin comprend plusieurs composantes : construction de chemins multiples, distribution des données sur les chemins découverts et la maintenance de ces chemins. Dans ce qui suit, nous décrivons ces composantes en détail.

Découverte de chemins

La tâche principale du processus de découverte de chemins est de déterminer un ensemble de nœuds intermédiaires qui doivent être sélectionnés pour construire plusieurs chemins à partir d'un nœud source vers le nœud récepteur (*Sink*). Différents critères sont utilisés pour la découverte de chemins. Le critère le plus couramment utilisé est celui du degré de disjonction entre les chemins découverts. Selon ce degré, quatre types de chemins peuvent être distingués (Figure 3.3) :

- **Chemins non disjoints :** ce sont des chemins qui peuvent avoir des nœuds et des liens en commun (Figure 3.4(a)). Ils sont plus faciles à découvrir du moment qu'aucune restriction n'est imposée.

3.3 Le routage multi-chemin

- **Chemins à liens disjoints** : ce sont des chemins qui n'ont aucun lien en commun mais peuvent avoir des nœuds en commun (Figure 3.4(b)).

- **Chemins à nœuds disjoints** : ce sont des chemins qui n'ont pas de nœuds (et par conséquent pas de liens) en commun (Figure 3.4(c)). En principe, les chemins à nœuds disjoints offrent une meilleure utilisation de ressources du réseau, parce que ni liens ni nœuds ne sont partagés entre les chemins. Ils assurent une bonne fiabilité par rapport aux chemins non disjoints et à liens disjoints. En effet, avec des chemins à nœuds disjoints, en présence d'un nœud défaillant ou d'une rupture de lien, c'est un seul chemin qui sera affecté, par contre, pour les deux autres types de chemins plusieurs chemins le seront. À cause du déploiement aléatoire des nœuds capteurs, il est difficile de découvrir un grand nombre de chemins à nœuds disjoints.

- **Chemins à zone disjoints** : les chemins sont dits à zone disjoints lorsqu'ils sont à nœuds disjoints et suffisamment espacés l'un de l'autre pour que la transmission de données sur un chemin n'interfère pas avec les autres (Figure 3.4(d)).

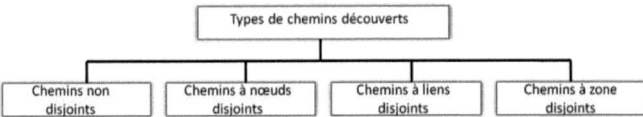

FIGURE 3.3 – Différents types de chemins de routage

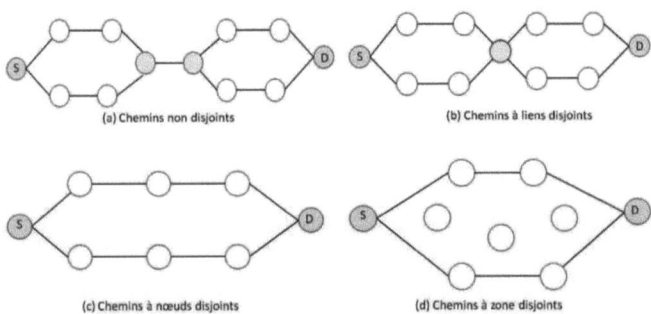

FIGURE 3.4 – Types de chemins de routage

Le degré de disjonction entre les chemins est le principal critère qui devrait être pris en considération pour la découverte d'un ensemble de chemins, mais en raison des propriétés des liens de communication, qui sont variables dans le temps, et des ressources limitées des nœuds capteurs, tenir compte uniquement de ce critère pour la découverte de chemins ne

3.3 Le routage multi-chemin

peut conduire à la construction de chemins de bonne qualité. Pour cela, une fonction coût est ajoutée à ce critère pour la découverte de chemins multiples tenant compte des besoins en QdS de l'application (maximiser le débit, minimiser le délai de bout en bout, prolonger la durée de vie du réseau, etc.). Mais, il a été montré que, les restrictions imposées par les chemins à nœuds disjoints et celles liées à la fonction coût, qu'il faut satisfaire, rendent le processus de découverte de chemins NP-complexe [97]. La construction de chemins ne devrait pas consommer beaucoup d'énergie, nécessaire pour les nœuds à capacité énergétique limitée [98]. En conséquence, des algorithmes heuristiques doivent être élaborés avec la prise en compte du compromis entre l'optimalité, la complexité et la consommation d'énergie [97][98].

Sélection de chemins et distribution du trafic

Après la construction de chemins multiples, une autre décision importante doit être prise, il s'agit de la sélection d'un nombre suffisant de chemins de routage permettant d'améliorer les performances du réseau. Un protocole de routage multi-chemin peut décider de n'utiliser que le meilleur chemin pour la transmission des données et de garder les autres chemins sauvegardés pour une utilisation ultérieure en cas de rupture du chemin actif [52][99]. En revanche, un autre protocole peut utiliser plusieurs chemins en même temps afin de fournir une transmission fiable des données ou même une répartition du trafic [58][100]. Néanmoins, l'utilisation de plusieurs chemins simultanément dans un même canal, peut faire dégrader les performances du réseau à cause du problème d'interférence entre ces différents chemins actifs.

Lorsque plusieurs chemins sont disponibles, la source doit être en mesure de partitionner son trafic sur ces chemins selon une stratégie de répartition donnée en fonction de la nature et les exigences de l'application. Si la fiabilité est d'une importance primordiale, la source peut choisir de transmettre de façon redondante la même information (paquet ou paquet découpé en segments) sur plusieurs chemins. En revanche, si l'objectif de l'application est d'améliorer les performances en termes de débit, taux de livraison de paquets avec succès, délai de transmission de bout en bout et la durée de vie du réseau, alors un mécanisme efficace de distribution du trafic sur les chemins peut être utilisé. La figure 3.5 montre une autre classification des protocoles de routage multi-chemin selon l'objectif de l'application.

Maintenance de chemins

Le but de la maintenance des chemins est de valider les chemins existants et de trouver des chemins remplaçants appropriés lorsque l'un des chemins existants devient défaillant. Il y a plusieurs façons de maintenir les chemins. Nous en mettons en évidence deux :

- **Beacon périodiques (messages Hello)** : chaque nœud transmet périodiquement un message *Hello*. Si un nœud ne reçoit pas *Hello* d'un voisin après un laps de temps, il suppose que le lien reliant le nœud au voisin est brisé et envoie un message d'erreur aux nœuds prédécesseurs affectés par cette rupture. Cette technique n'est pas souhaitable du moment que les messages *Hello* consomment de la bande passante qui devrait être normalement utilisée par les paquets de données lors de la phase de transmission de données.

3.3 Le routage multi-chemin

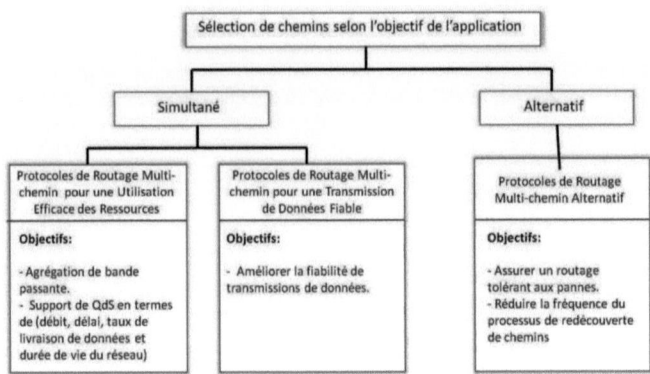

FIGURE 3.5 – Classification des protocoles de routage multi-chemin

- **Acquittement au niveau MAC :** la procédure est presque la même, mais pas de messages supplémentaires envoyés. Un nœud qui ne reçoit pas un acquittement, de son voisin qui lui a envoyé un paquet de données, après un certain nombre de tentatives, il peut supposer que le lien entre lui et son voisin est rompu, et un message d'erreur est envoyé.

Si l'un des deux mécanismes précédents suggère qu'il y a une rupture de chemin alors le processus de découverte de nouveaux chemins peut être déclenché soit à chaque fois que l'un des chemins tombe en panne ou lorsque tous les chemins découverts deviennent rompus. Aucune des deux stratégies n'est meilleure. En effet, si nous attendons que tous les chemins soient rompus pour déclencher le processus de découverte cela se traduirait par un retard avant que de nouveaux chemins soient établis. Si, par contre, le processus est déclenché à chaque fois qu'un chemin est rompu, cela peut entraîner des messages de contrôle excessifs. Une autre approche qui peut être un compromis entre ces deux stratégies extrêmes consiste à initier la découverte de chemins lorsqu'un certain nombre de chemins deviennent rompus.

3.3.2 Taxonomie des protocoles de routage multi-chemin existants

Comme nous l'avons déjà évoqué dans la section 3.3.1, les chemins peuvent être utilisés soit alternativement pour assurer un routage tolérant aux pannes, soit simultanément pour offrir une utilisation efficace des ressources soit enfin pour améliorer la fiabilité de transmission des données. La figure 3.5 montre ces trois principales classes de protocoles de routage multi-chemin. La plupart des premiers travaux sur les protocoles de routage multi-chemin ont été principalement développés pour fournir la tolérance aux pannes. Comme les défaillances des nœuds et des liens sont les principales causes de rupture des chemins, le principal objectif de ces protocoles est de garantir certains paramètres de performance du réseau en préservant les chemins alternatifs en tant que chemins de secours utilisés en cas de panne. Cette tech-

3.3 Le routage multi-chemin

nique permet de réduire le nombre de déclenchement du processus de découverte de nouveaux chemins.

Le routage multi-chemin peut également être utilisé pour améliorer l'efficacité de la communication et fournir de la qualité de service en utilisant les chemins simultanément de deux manières : Premièrement, en répartissant les paquets d'un flux de données sur plusieurs chemins de routage afin d'équilibrer la charge du réseau. Ce qui améliore les performances en réduisant la congestion. Deuxièmement, et pour augmenter la fiabilité dans les environnements sans fil avec perte, des copies de paquets ou des paquets augmentés par des informations supplémentaires codées selon une certaine technique de codage sont envoyés sur plusieurs chemins. Dans ce cas, la redondance ou la surcharge des paquets malgré la dégradation de la performance globale du réseau et du débit est acceptable.

Cette sous section, présente quelques exemples de protocoles de routage multi-chemin appartenant aux trois classes décrites ci-dessus. Elle n'a pas vocation de résumer tous les travaux existants. Elle présente plutôt les principales techniques utilisées pour la découverte des chemins.

N-to-1 Multipath Routing Protocol

La principale motivation du protocole de routage multi-chemin N-à-1 [1] est d'assurer la fiabilité exigée par l'application prévue. Le fonctionnement de ce protocole est basé sur la stratégie de diffusion effectuée en deux phases. L'objectif de la première phase de construction des chemins est la recherche simultanée des plus courts chemins entre les nœuds sources et le nœud *Sink*. Cette phase est basée sur l'utilisation de la structure d'arbre (*spanning tree*) montrée dans la figure 3.6(a), construite par le *Sink* en diffusant un message particulier dans le réseau. La deuxième étape de ce protocole est initialisée afin de découvrir d'autres chemins à partir de chaque nœud capteur source vers le nœud *Sink* en utilisant une autre technique de diffusion. La figure 3.6(b) montre que chaque lien entre deux nœuds appartenant à des branches différentes de l'arbre peut aider à établir un chemin supplémentaire de ces nœuds vers le nœud *Sink*. Pendant cette phase de découverte, tous les nœuds s'échangent des informations portant sur les chemins disjoints découverts lors de la première phase. Enfin, les nœuds sources peuvent utiliser les chemins découverts pour la transmission des données de la façon suivante : le nœud source utilise en fait un seul chemin pour la transmission de ses données, tandis que tous les nœuds intermédiaires de ce chemin utilisent une technique d'adaptation par saut pour favoriser une récupération rapide des paquets de données en cas de défaillance d'un nœud ou d'un lien sur les chemins actifs (Figure 3.6(c)). Selon le fonctionnement de ce protocole et la simple technique de diffusion utilisée, les chemins découverts sont situés à proximité les uns des autres et des transmissions de données concurrentes sur plusieurs chemins peut réduire les performances du réseau.

3.3 Le routage multi-chemin

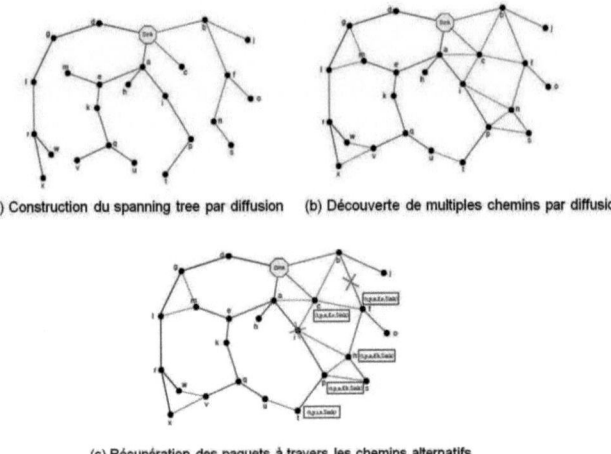

FIGURE 3.6 – Découverte de chemins et routage des données sur des chemins alternatifs [1]

Highly-resilient, energy-efficient multipath routing in wireless sensor networks

Inspiré par le protocole de routage de diffusion dirigée [89], Ganesan et al. [52] ont proposé un protocole de routage multi-chemin qui utilise des chemins partiellement disjoints pour fournir la tolérance aux pannes contre les défaillances de nœuds ou de liens. Puisque les chemins établis ne sont pas complètement disjoints, cette approche permet de réduire considérablement le coût de la construction du chemin et de la maintenance. Du fait que cette technique n'utilise qu'un seul chemin actif à la fois pour la transmission de données et bascule vers un autre chemin en cas de rupture du chemin actif, ce protocole ne bénéficie donc pas des avantages de la répartition de la charge du trafic sur plusieurs chemins.

A Hierarchy-Based Multi-Path Routing Protocol for Wireless Sensor Networks (HMRP)

Un protocole de routage multi-chemin hiérarchique, appelé HMRP, est proposé dans [101]. Il est basé sur une architecture arborescente où le nœud $Sink$ est sa racine. Chaque nœud capteur doit être membre de l'arbre, c'est à dire, un nœud interne ou une feuille, pour pouvoir communiquer avec le nœud $Sink$. HMRP comporte deux phases : la phase de construction de l'arborescence LCP (*Layer Construction Phase*) et la phase de propagation de données DDP (*Data Dissemination Phase*). Les principales tâches de la phase LCP sont la construction de la hiérarchie, la création de la table des informations des pères candidats CIT (*Candidates Information Table*) et la formation du chemin de routage pour chaque nœud. Le nœud $Sink$ diffuse un message pour la découverte de ses voisins d'un saut. À leur tour, chaque nœud voisin diffuse ce message jusqu'à ce que la topologie hiérarchique soit construite. Pendant cette phase, chaque nœud doit attendre

3.3 Le routage multi-chemin

un laps de temps dans lequel il reçoit tous les candidats pères et les enregistre ensuite dans sa table CIT.
Dans la phase de propagation des données DDP, le nœud capteur peut commencer à transmettre les données collectées au $Sink$ via le nœud père. Par exemple, supposons que le nœud A a cinq pères candidats B, C, D, E et F enregistrés dans sa table CIT selon cet ordre. Initialement, le nœud A sélectionne la première entrée de sa table CIT. Il transmet à son premier nœud père B ses données. Si le nœud B répond avec un paquet d'acquittement (cela signifie que le paquet de données est transmis avec succès au nœud père), le nœud A déplace l'entrée correspondante au nœud B à la dernière position de la table CIT. Par contre, si le nœud B ne répond pas par un paquet d'acquittement (manque d'énergie ou autre panne), alors l'entrée qui lui correspond est retirée de la table CIT. Chaque nœud exécute à son niveau le même traitement que celui exécuté au niveau du nœud A jusqu'à ce que le paquet de données arrive au nœud $Sink$. Selon le fonctionnement de routage que nous venons d'expliquer, le paquet de données peut être transmis au $Sink$ via différents chemins. Par conséquent, la durée de vie du réseau peut être prolongée du fait que le nœud capteur utilise à chaque fois un chemin différent pour envoyer des paquets de données. Les résultats de simulation indiquent que HMRP est plus performant que d'autres protocoles hiérarchiques tels que LEACH et PEGASIS.

Multipath Routing for Cluster-based and Event-based Protocols in Wireless Sensor Networks (MARPEES)
MARPEES [2] est la version multi-chemin alternatif du protocole de routage ARPEES à base de cluster et d'événements. Les principales caractéristiques de conception de MARPEES sont : (i) la fiabilité et la tolérance aux pannes, et (ii) l'équilibrage de charge et l'agrégation de la bande passante. Quand un événement est détecté, l'algorithme de sélection du chef du cluster CH et la formation du cluster est activé. Après cette étape, vient la phase de transmission des données. Un CH qui veut envoyer ses paquets de données doit initialement chercher son nœud relai RN1 (prochain saut) et son nœud de secours BN1 (Figure 3.7). Il commence par diffuser le message REQ-$RELAY$ à son voisinage. Chaque nœud voisin recevant ce message doit calculer son énergie résiduelle et sa position par rapport au $Sink$ et les mettre dans le message ACK-$RELAY$ qui sera renvoyé au CH. En se basant sur le calcul d'une fonction combinant l'énergie résiduelle et la position de chaque nœud, CH va sélectionner comme son nœud relai RN1 et son nœud de secours BN1 ceux qui ont les deux premières grandes valeurs calculées, respectivement. Le CH peut envoyer maintenant ses paquets de données au RN1, qui à son tour fera le même traitement pour chercher son nœud relai RN2 et son nœud de secours BN2. À chaque paquet transmis par RN1 (ou BN1) et qui consomme E_{RE} d'énergie, l'énergie résiduelle E_{RN1} (ou E_{BN1}) de RN1 (ou BN1) est mise à jour au niveau de CH. Selon un seuil de basculement pré-défini et qui dépend de E_{RN1} et de E_{BN1}, le CH bascule entre le choix de prendre RN1 ou BN1 comme son prochain saut. Si les deux énergies résiduelles de RN1 et BN1 deviennent inférieures à un certain seuil, alors CH diffuse un nouveau message REQ-$RELAY$ pour la recherche d'une nouvelle paire de nœuds relai et secours. Ce processus continu jusqu'à atteindre le $Sink$. Bien que MARPEES fournit un chemin de routage fiable et tolérant aux pannes, il utilise beaucoup de messages de contrôle pour la création de deux chemins alternatifs, ce qui augmente la consommation d'énergie et réduit la durée de vie du réseau.

3.3 Le routage multi-chemin

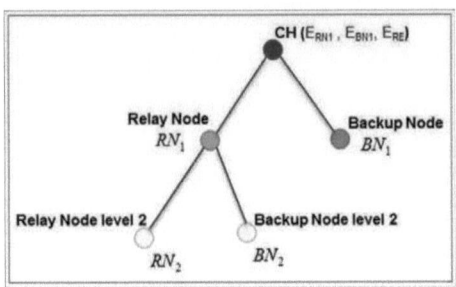

FIGURE 3.7 – Sélection de RN1 et BN1 [2]

Energy-Efficient and QoS-based Multipath Routing Protocol (EQSR)
EQSR [102] est un protocole conçu pour satisfaire les exigences des applications temps réel, en termes de fiabilité et de délai. Il améliore la fiabilité grâce à l'utilisation d'un léger XOR basé sur le mécanisme FEC (*Correction Forward Error*), qui introduit de la redondance des données dans le processus de transmission de données. De plus, afin de répondre aux exigences de délai de diverses applications, ce protocole utilise une technique de différenciation de service à travers l'emploi d'un modèle de file d'attente pour gérer le trafic temps réel et non temps réel. Le nœud *Sink* déclenche le processus de découverte de chemins en envoyant le message *Route-request* à ses meilleurs voisins, ce message se propage dans le réseau jusqu'à atteindre le nœud source. Une fois que tous les chemins possibles entre une paire de nœuds source-*Sink* sont découverts, un ensemble de chemins sera sélectionné sur la base du taux de paquets transmis avec succès sur chaque chemin. En outre, selon le délai de propagation des messages *Route-request*, EQSR estime le délai de transmission des données de chaque chemin et dédie les meilleurs chemins pour un trafic temps réel. Grâce à la transmission de données redondantes sur multiples chemins, EQSR assure la fiabilité exigée par les applications. Puisque ce protocole utilise la technique XOR basée sur le mécanisme FEC, il impose une surcharge significative sur le réseau nécessaire pour calculer les codes de correction d'erreurs (*Error Correction Codes (ECC)*) pour récupérer les messages originaux.

Two Phase geographical Greedy Forwarding (TPGF)
Le protocole TPGF [103] a été le premier à introduire le concept de multi-chemin dans le domaine des RCMSFs. Cet algorithme se concentre sur l'exploration et l'établissement d'un nombre maximum de meilleurs chemins à nœuds disjoints en termes de délai de bout-en-bout et d'énergie consommée le long d'un chemin. La première phase de l'algorithme explore les chemins possibles vers la destination. La deuxième phase est responsable de l'optimisation des chemins découverts. TPGF supporte trois caractéristiques : (1) contourner les trous sans l'utilisation du routage de face ou d'autres informations sur les nœuds à l'avance. (2) supporter la transmission sur le plus court chemin, (3) permettre une transmission sur plusieurs chemins. L'algorithme TPGF peut être exécuté à plusieurs reprises pour découvrir plusieurs chemins disjoints. Cependant, ce type

3.3 Le routage multi-chemin

de protocole doit construire une carte globale du réseau et sélectionner le chemin de routage optimal. Par conséquent, ce protocole n'est pas adapté aux réseaux à grande échelle, déployés d'une façon dense et qui présentent des changements fréquents de la topologie. De plus, il se base sur l'utilisation de GPS pour obtenir la position des nœuds capteurs et de la station de base.

Multipath Multispeed Protocol (MMSPEED)

MMSPEED [58] est une extension du protocole SPEED [56]. Il permet de fournir une QdS probabiliste et de supporter la différenciation de service en termes de fiabilité et délai. Pour respecter les requis de délai d'acheminement des paquets, plusieurs niveaux de vitesse d'acheminement des paquets sont utilisés. La notion de vitesse utilisée dans ce protocole peut être montrée par la figure 3.8. Supposons que le nœud A envoie un paquet de données à son voisin immédiat le nœud B, qui peut réduire la distance géographique vers le $Sink$ de d mètres. En fonction du délai estimé pour la transmission de données sur le lien $A - B$ (c.à.d le $délai_{A-B}$), la vitesse d'avancement vers le $Sink$ en passant par le nœud B peut être calculée par $Vitesse_{A-B} = (distance_{A-Sink} - distance_{B-Sink})/délai_{A-B}$. Dans le domaine de la fiabilité, les exigences de fiabilité des différentes applications sont satisfaites grâce à l'utilisation d'une stratégie de transmission multi-chemin probabiliste.

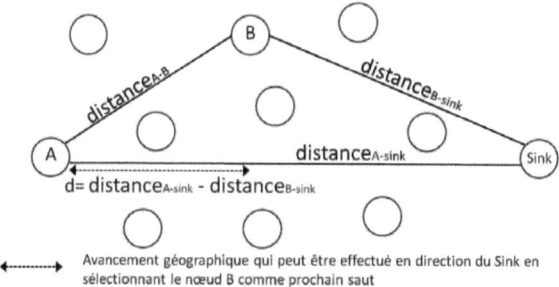

FIGURE 3.8 – Vitesse d'avancement du nœud A vers le nœud B en direction du $Sink$

Comme dans SPEED, la décision de routage est prise localement au niveau du nœud sans l'aide d'aucune information globale du réseau, rendant ces techniques évolutives et adaptées à la dynamique du réseau, cependant, elles présentent l'inconvénient majeur de ne pas tenir compte de la métrique de consommation énergétique, pourtant vitale dans les RCSFs.

Energy-Efficient Multipath Routing Protocol

Le protocole de routage multi-chemin à efficacité énergétique [104] exploite la diversité des chemins fournie par l'approche multi-chemin pour prolonger la durée de vie du réseau en répartissant le trafic sur multiples chemins à nœuds disjoints. Lorsqu'un

3.3 Le routage multi-chemin

événement se produit dans le réseau, un nœud capteur dans la zone d'événement est sélectionné en tant que nœud source et déclenche le processus de découverte de chemin. En conséquence, le nœud source sélectionné transmet plusieurs messages de découverte de chemins *Route-request* à ses nœuds voisins. Ces messages comprennent différents identificateurs de chemins *ID* permettant de construire les chemins à nœuds disjoints entre le nœud source et la destination *Sink*. Pendant le processus de découverte, tous les nœuds intermédiaires sélectionneront l'un de leurs meilleurs voisins comme prochain saut vers le nœud récepteur. Cette sélection est basée sur une combinaison de métriques (distance entre un nœud et le *Sink*, l'énergie résiduelle et initiale du nœud voisin) en plus de la non appartenance du voisin sélectionné à d'autres chemins. Le *Sink* reçoit tous les messages de découverte de chemins *Route-request* pendant un intervalle de temps et affecte à chaque chemin découvert un débit de données selon une certaine fonction. Ensuite, il envoie au nœud source des messages *ASSIGN* indiquant la valeur du débit qu'il a affecté à chaque chemin. Le nœud source commence à transmettre ses données une fois qu'il reçoit les messages *ASSIGN*.

L'avantage principal de ce protocole est de prolonger la durée de vie du réseau. Le niveau de l'énergie résiduelle des nœuds capteurs et de leur distance par rapport au *Sink* sont considérés comme les principaux paramètres utilisés par les algorithmes de découverte de chemins et de répartition de la charge du trafic. Néanmoins, ce protocole établit et utilise tous les chemins à nœuds disjoints découverts sans tenir compte du problème des interférences.

Interference-Minimized Multipath Routing Protocol (I2MR)

Un protocole de routage multi-chemin à interférence minimale I2MR pour la transmission d'un streaming à haut débit dans les RCSFs a été présenté dans [105]. Ce protocole construit des chemins à zone disjoints en supposant une structure de réseau spéciale et la disponibilité d'un matériel particulier. Dans le réseau, il peut exister plusieurs nœuds passerelles (les destinations) connectés directement au centre de commande à l'aide des liens à haute capacité qui ne s'interfèrent pas. Le nœud source construit trois chemins à zone disjoints vers les trois nœuds passerelles distincts. Après cela, le nœud source utilise le premier et le second chemin pour la transmission de données et préserve le troisième chemin en cas de rupture de chemin. Bien que I2MR montre des performances supérieures par rapport au protocole AODV [75], les hypothèses faites sur le modèle de réseau et la surcharge causée par l'algorithme de localisation compensent les avantages potentiels de ce protocole. En outre, afin de réduire les effets négatifs de l'interférence intra-chemin, I2MR construit les plus courts chemins vers les nœuds passerelles. Puisque de longs liens doivent être utilisés pour construire les plus courts chemins, les propriétés des liens sans fil qui sont variables dans le temps affectent fortement les performances (taux de perte des paquets élevé) de ce protocole.

Maximally Radio-Disjoint Multipath Routing (MR2)

Le protocole de routage multi-chemin à Radio-Disjoint Maximum [106] utilise une technique adaptative progressive pour construire des chemins avec un minimum d'interférence, qui satisfont les besoins en termes de bande passante des applications multimédia. Des chemins supplémentaires sont construits chaque fois que les chemins actifs ne peuvent pas fournir les besoins en bande passante du trafic réseau disponible. MR2 est

3.3 Le routage multi-chemin

un protocole de routage basé sur la requête. Le *Sink* initialise le processus de découverte de chemin en diffusant un message de demande de chemin dans le réseau. Lors de la réception de ce message par les nœuds voisins proches du *Sink*, le nœud récepteur ajoute son identifiant ID dans le message de demande de chemin reçu en tant que l'identificateur du chemin *pathID* et rediffuse ce message. Ensuite, chaque fois qu'un nœud reçoit un message de demande de chemin, il vérifie d'abord l'identificateur du chemin reçu dans le message, si le nœud n'a pas de chemin allant du nœud source (c-à-d *pathID*) vers le *Sink*, il ajoute le chemin à sa table de routage. Autrement, si l'identificateur de chemin *pathID* introduit dans le message de demande de chemin existe déjà dans la table de routage du nœud récepteur, alors la table de routage est mise à jour si le chemin a moins de sauts que celui de l'existant, dans ce cas, le nœud récepteur rediffuse le message de demande de chemin. Ce processus continue jusqu'à ce que le message soit reçu par un nœud capteur pouvant fournir les données demandées par le *Sink*. Chaque fois, que la source reçoit un message de demande de chemin, elle l'enregistre dans sa table de chemins. Lorsque tous les chemins de tous ses voisins actifs sont reçus, la source sélectionne le chemin ayant la meilleure valeur de la métrique choisie (nombre de sauts, par exemple), ensuite, elle commence immédiatement à transmettre ses données sur le chemin choisi.

Malgré le nombre de messages de contrôle supplémentaires qu'introduit l'approche progressive adoptée par MR2, les résultats de simulation ont montré que ceci peut être compensé par le débit global atteignable par le réseau et la quantité d'énergie consommée par paquet correctement reçu. Cette constatation est principalement due au fait que l'utilisation d'un faible nombre de chemins non-interférants permet d'obtenir de meilleures performances.

Interference Energy-Efficient Multipath Routing Protocol (LIEMRO)

LIEMRO [100] utilise une approche adaptative et itérative pour construire un nombre suffisant de chemins à nœuds disjoints avec un minimum d'interférences inter-chemin. Chaque fois qu'un événement se produit dans la zone de surveillance et aucun chemin actif n'existe pour la transmission des données vers le nœud *Sink*, le nœud source sélectionné commence à établir le premier chemin en transmettant un message de demande de chemin *Route-request* vers le nœud *Sink*. Lors de cette étape, le nœud source et tous les nœuds intermédiaires i choisissent un de leurs nœuds voisins j comme le prochain saut en utilisant une fonction coût basée sur l'énergie résiduelle du nœud voisin j, son niveau d'interférence et le ETX (*expected number of transmission*) accumulé à partir du nœud i vers le *Sink* en passant par le nœud j. Dès la réception du premier *Route-request* par le nœud *Sink*, ce dernier envoie au nœud source un message *Route-reply* sur le chemin inverse. Lorsque le nœud source reçoit le paquet *Route-reply*, il transmet ses paquets de données à travers le chemin construit et commence la construction d'un autre chemin par l'envoi d'un nouveau message *Route-request* vers le nœud *Sink*. Le processus de construction des chemins se déroule de manière itérative tant que le nœud *Sink* décide que l'utilisation d'un nouveau chemin améliore encore plus le débit des données. Sinon, si le dernier chemin établi réduit le débit de bout en bout, le nœud *Sink* demande au nœud source de désactiver le dernier chemin construit. Lors de l'établissement d'un nouveau chemin, le nœud source transmet une partie de ses données à travers ce chemin en utilisant un algorithme de répartition du trafic. LIEMRO améliore les exigences de

3.3 Le routage multi-chemin

performance des applications orientées événements (délai, taux de livraison des données, débit et la durée de vie) en distribuant le trafic du réseau sur des chemins de meilleure qualité qui ne s'interfèrent pas. Cependant, comme la plupart des protocoles décrits précédemment, LIEMRO ne tient pas compte des effets de la capacité du buffer et du taux de service des nœuds actifs pour estimer et ajuster le débit du trafic des chemins actifs.

3.3.3 Routage multi-chemin et les interférences

Bien que le routage multi-chemin semble être l'une des approches les plus prometteuses pour supporter un trafic intensif dans les RCSFs, il comporte aussi un sérieux défi au niveau de sa mise en œuvre, il s'agit du problème des interférences inter-chemin qui peut exister lors d'une utilisation simultanée des chemins de routage qui se trouvent à proximité l'un de l'autre, ce qui provoque le chevauchement des portées radio de (certains de) leurs nœuds. Dans la littérature, ce phénomène est connu sous le nom de *couplage* de chemins. En général, les chemins qui ont des nœuds ou des liens en commun sont considérés comme fortement couplés. Cependant, le couplage de chemins peut se produire dans les réseaux sans fil multi-saut même si deux chemins n'ont ni nœuds ni liens en commun. Si ce problème n'est pas contrôlé, il peut conduire à une dégradation sévère de la performance du réseau allant jusqu'à annuler tous les avantages théoriques du routage multi-chemin. Par conséquent, dans un milieu sans fil, nous pouvons s'attendre à voir des améliorations de la QdS par l'utilisation du routage multi-chemin seulement si les effets négatifs de ces interférences sont atténués.

Afin de réduire les effets du problème de couplage des chemins, le routage géographique basé sur la localisation est l'une des techniques les plus évidentes permettant de construire des chemins qui ne s'interfèrent pas [107]. Alternativement, d'autres techniques telles que la gestion des ressources radio (l'utilisation de la transmission directionnelle [108], la transmission multi-cannal [109], etc.), l'ordonnancement des transmissions (S-TDMA [110]) et l'utilisation des graphes de conflit du réseau [14] [111] ont été proposées pour réduire les interférences inter-chemin.

Cependant, comme le routage géographique nécessite un moyen de localisation, il impose une surcharge significative en termes de communication et de complexité des calculs. L'utilisation des antennes dirigées pour réduire les interférences nécessite également un équipement matériel spécifique qui peut ne pas être rentable pour des nœuds capteurs sans fil à faible coût. De plus, bien que la communication multi-canal peut augmenter le débit du réseau et réduire les interférences, elle nécessite un mécanisme spécifique au niveau de la couche MAC qui prend en charge la commutation des canaux. Ce mécanisme est coûteux en termes de consommation d'énergie pour les RCSFs et il est plutôt adapté aux réseaux maillés qu'aux RCSFs. Plus important encore, la communication multi-canal dans la bande de fréquence 2.4 GHz est fortement affectée par les interférences externes causées par les réseaux 802.11 et les périphériques Bluetooth. En conséquence, ces approches ne peuvent pas être des solutions efficaces pour réduire les effets négatifs des interférences dans de nombreuses applications de RCSF à ressources limitées.

Wu et al. [112] ont introduit une métrique appelée *facteur de corrélation*, permettant de mesurer le degré relatif d'indépendance inter-chemin. Le facteur de corrélation de deux chemins est définie comme étant le nombre de liens qui se trouvent dans la portée radio l'un de l'autre. Une autre métrique a été proposée dans [113]. C'est la métrique de couplage de

3.3 Le routage multi-chemin

chemins qui correspond au nombre moyen de nœuds de l'un des chemins qui sont bloqués pour recevoir des données pendant qu'un nœud de l'autre chemin émet ses données. La sélection de chemins ayant un faible facteur de corrélation et de couplage de chemins offre de meilleures performances lors de l'utilisation simultanée de plusieurs chemins comme a été prouvé dans [112] et [113]. Néanmoins, ces deux approches nécessitent le calcul du graphe de connectivité du réseau pour sélectionner les chemins à interférences minimales, l'utilisation de cette technique dans les RCSFs denses impose donc des calculs supplémentaires intensifs.

Dans [106][100], les auteurs utilisent la nature diffusion (*broadcast*) du canal sans fil. Dans [106], par exemple, afin de résoudre le problème d'interférence entre les chemins adjacents, tous les nœuds intermédiaires le long du chemin actif doivent aviser leurs nœuds voisins à agir comme des nœuds passifs pour les empêcher de participer à tout processus de découverte de chemin. Par conséquent, pendant le processus de transmission de données, les nœuds intermédiaires qui reçoivent un paquet de données doivent envoyer un message *bepassive* à tous leurs nœuds voisins à l'exception de leurs précédents et suivants voisins appartenant au chemin actif. Grâce à ce mécanisme, les nœuds qui se trouvent dans l'état passif seront incapables de répondre au message de découverte de nouveaux chemins.

3.3.4 Discussion

De nos jours, le routage multi-chemin est largement considéré comme une approche prometteuse pour faire face aux limitations des RCSFs et améliorer les exigences de performance de différentes applications. Cependant, si le routage multi-chemin est utilisé pour améliorer certains paramètres de performance de l'application, il peut, par contre agir négativement sur d'autres paramètres. Par exemple, la transmission de multiples copies de paquets de données augmente la fiabilité de livraison des données, mais réduit également la capacité des nœuds et la durée de vie du réseau. Par conséquent, le choix de l'approche de routage multi-chemin dépend fortement de l'application et nécessite un compromis entre plusieurs paramètres de performance. La table 3.1 donne une classification des protocoles que nous avons présenté selon différentes caractéristiques.

Comme nous l'avons mentionné précédemment, la première motivation derrière l'utilisation de la technique du routage multi-chemin alternatif dans les RCSFs était d'améliorer la résistance contre les ruptures de chemins. Puisque, l'idée principale de cette approche est d'utiliser un seul chemin pour la transmission de données et de réserver les autres chemins alternatifs comme des chemins de secours, ces protocoles souffrent donc du même inconvénient que celui du routage mono-chemin, à savoir, une capacité de bout en bout limitée. Par contre, l'avantage de cette approche par rapport au routage mono-chemin est qu'elle augmente les performances du réseau (elle réduit la consommation d'énergie et le taux de perte causée par les ruptures de chemins) et réduit la fréquence de déclenchement du processus de découverte de chemins. La plupart des protocoles de routage multi-chemin de cette catégorie s'appuient sur l'utilisation des chemins partiellement disjoints qui sont suffisant pour assurer la tolérance aux pannes avec un coût minimal.

3.3 Le routage multi-chemin

Protocoles de routage multi-chemin	Caractéristiques							
	Motivation	Types de chemins	Utilisation des chemins	Structure			Paramètres de performance améliorés	
				Plate	Hiérarchique	Géographique		
Highly-resilient energy-efficient multipath routing	Tolérance aux pannes	Non disjoints	Alternatif	✓			Délai de transmission et le taux de perte de paquets causés par la rupture du chemin, Surcharge de découverte et maintenance des chemins	
N-to-1 Multipath Routing	Transmission de données fiable	Nœuds disjoints	Simultanée en apparence		✓		Fiabilité	
HMRP	Utilisation efficace des ressources	Non disjoints	Simultanée en apparence		✓		Durée de vie du réseau	
MARPEES	Tolérance aux pannes	Non disjoints	Simultanée en apparence		✓		Fiabilité	
EQSR	Transmission de données fiable	Nœuds disjoints	Simultanée	✓			Taux de livraison de données, Délai	
TPGF	Utilisation efficace des ressources	Nœuds disjoints	Simultanée			✓	Délai	
MMSPEED	Transmission de données fiable	Non disjoints	Simultanée			✓	Fiabilité, Délai	
Energy-Efficient Multipath Routing Protocol	Utilisation efficace des ressources	Nœuds disjoints	Simultanée	✓			Durée de vie du réseau, Délai	
I2MR	Utilisation efficace des ressources	Zone disjoints	Simultanée	✓			Débit	
MR2	Utilisation efficace des ressources	Nœuds disjoints	Simultanée	✓			Débit, Durée de vie, Taux de livraison de données	
LIEMRO	Utilisation efficace des ressources	Nœuds disjoints	Simultanée	✓			Débit, Durée de vie, Taux de livraison de données, Délai	

TABLE 3.1 – Résumé sur les différents protocoles de routage multi-chemin présentés

3.3 Le routage multi-chemin

Certaines applications critiques nécessitent une grande fiabilité de transmission de données, par conséquent, le deuxième groupe de protocoles de routage multi-chemin est principalement conçu pour faire face à la qualité des liens sans fil variable dans le temps. Ces protocoles fournissent une communication fiable grâce à l'utilisation simultanée des chemins pour transmettre des données en redondance. Néanmoins, ils souffrent encore d'une surcharge de messages de contrôle élevée causée par la duplication des paquets de données et également par l'utilisation de la technique du codage.

Le routage multi-chemin est largement utilisé dans des applications manipulant des quantités de données importantes (applications haut débit et multimédia). La plupart des protocoles proposés pour de telles applications distribuent le trafic sur plusieurs chemins utilisés simultanément (équilibrer l'utilisation des ressources) pour offrir la bande passante nécessaire à ces applications. Plus souvent, les chemins découverts, dans ce cas, sont à nœuds disjoints. D'autre part, lorsque les données sont transmises à travers multiples chemins qui sont à proximité l'un de l'autre, la capacité globale de chaque chemin est réduite à cause du problème des interférences qui affectent négativement les performances du réseau en augmentant le délai de transmission de bout en bout, le taux de perte, la consommation d'énergie, etc. Par conséquent, pour qu'une transmission simultanée de données sur plusieurs chemins soit efficace et réponde aux exigences de telles applications, le phénomène des interférences doit être pris en compte par les concepteurs.

Du point de vue structure du réseau, les protocoles de routage multi-chemin géographique héritent des mêmes inconvénients des protocoles de routage mono-chemin géographique. Du fait que chaque nœud doit connaître les positions des autres nœuds, cela nécessite soit d'équiper des milliers de nœuds avec un matériel spécial tel que le GPS, ce qui est pratiquement une solution infaisable, ou d'élaborer des algorithmes de localisation supplémentaires qui sont coûteux par rapport aux capacités limitées des nœuds capteurs.
La découverte de chemins à nœuds disjoints pour une utilisation simultanée est plus facile à réaliser dans un réseau à topologie plate. La plupart des protocoles de routage que nous avons cité dans cette catégorie sont basés sur une topologie plate où les chemins découverts peuvent être suffisamment éloignés l'un de l'autre. Les protocoles de routage hiérarchique présentent plusieurs avantages pour les RCSFs, tels que la scalabilité et la gestion efficace de l'énergie. Ils se basent sur la construction d'une infrastructure hiérarchique (*spanning tree*) dans laquelle des relations de type père-fils sont établies. Cependant, nous remarquons que dans la plupart de ces protocoles, l'utilisation des chemins multiples est faite d'une façon successive, c-à-d, le changement de trajet des paquets s'effectue lorsque le chemin en cours d'utilisation rencontre des difficultés. Ce fonctionnement n'est cependant multi-chemin qu'en apparence : à un moment donné un seul chemin est réellement utilisé entre les nœuds communicants [101][2][1]. Même dans ce cas, l'utilisation simultanée des chemins peut poser des problèmes d'interférences du moment que les chemins découverts sont à proximité l'un de l'autre.

Comme expliqué précédemment dans le chapitre 2, notre étude suppose l'utilisation de la norme IEEE 802.15.4/ZigBee en raison de son déploiement répandu dans les réseaux de capteurs réels actuels. La Couche MAC de IEEE 802.15.4 propose l'utilisation du mécanisme CSMA/CA comme méthode d'accès au canal afin de se prémunir des collisions. Ce protocole offre beaucoup d'avantages plus particulièrement dans un réseau à faible ou moyenne charge de trafic, mais son principal inconvénient est qu'au fur et à mesure que la charge augmente, les performances du réseau se dégradent à cause du nombre de collisions élevé provoquées principalement par le problème du nœud caché. Afin de rendre CSMA/CA adapté au support de la QdS, il est important d'améliorer ses performances intrinsèques en développant des méthodes d'accès qui tiennent compte du problème du nœud caché. Plusieurs solutions ont été proposées pour résoudre ce problème. C'est l'objectif de la section suivante qui va tout d'abord expliquer brièvement le phénomène du nœud caché dans les environnements sans fil ensuite présenter les différentes techniques de gestion du problème du nœud caché.

3.4 Le problème du nœud caché

Un des problèmes récurrents des réseaux sans fil est le problème du nœud caché. Deux nœuds émetteurs peuvent communiquer avec un nœud récepteur mais ne peuvent se voir à cause de la distance trop grande ou de la présence d'un obstacle entre eux. Ces deux nœuds sont appelés des nœuds cachés l'un de l'autre. Dans la figure 3.9, les nœuds A et B ne peuvent pas se détecter car ils ne sont pas dans la même portée radio. Une collision peut alors se produire quand les nœuds A et B envoient des données simultanément au nœud C.

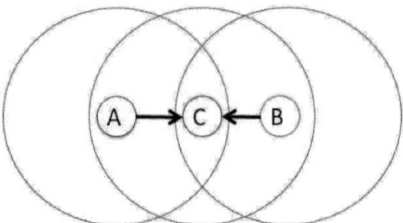

FIGURE 3.9 – Problème du nœud caché

Les collisions qui sont dues au problème du nœud caché affectent quatre paramètres de la qualité de service, à savoir :

1. Le débit, ce qui représente la quantité de trafic reçu avec succès par un nœud destinataire. Le débit diminue à cause des collisions.
2. Le délai de transmission qui peut être représenté par la durée depuis la génération du paquet jusqu'à sa réception correcte par le nœud destinataire. Le délai peut augmenter à cause des retransmissions du paquet dues aux collisions.
3. L'efficacité énergétique qui diminue du fait que chaque collision provoque une nouvelle retransmission.
4. La fiabilité, puisque l'application peut abandonner la transmission du paquet après un certain nombre de retransmissions.

3.4 Le problème du nœud caché

Des recherches [114] ont montré que plus de 40% des paquets sont perdus à cause du problème du nœud caché. Ce pourcentage augmente avec l'augmentation du nombre de nœuds. Par conséquent, le réseau a un débit mutable et injuste qui devrait être inacceptable, en particulier pour les applications haut débit .

3.4.1 Techniques de gestion du problème du nœud caché

Une variété de techniques pour gérer les effets négatifs du problème du nœud caché ont été proposées dans la littérature. Ces techniques incluent : le mécanisme de BTMA (*Busy Tone Multiple Access*), le mécanisme de RTS/CTS (*Request-to-send/Clear-to-send*), l'ajustement de l'écoute de la porteuse (*Carrier-sense tuning*) et le regroupement de nœuds (*grouping node*).

Busy Tone Multiple Access (BTMA)

Pour éviter le problème du nœud caché, F.A Tobagi et al ont proposé une extension de CSMA nommé BTMA [115] pour une topologie étoile avec une station de base. BTMA a été encore étendue dans [116] pour une topologie pair-à-pair distribuée. L'idée de BTMA est d'utiliser deux canaux de communication : le premier pour la transmission des trames de données et le deuxième pour signaler qu'un nœud est en état de réception. Quand un nœud reçoit des données sur le premier canal, il émet un signal occupé sur le deuxième canal pour que les nœuds voisins n'émettent pas. Ainsi, le fait d'utiliser deux canaux de communication rend la technique BTMA compliquée en termes de conception de matériel.

Request-to-Send/Clear-to-Send (RTS/CTS)

La technique RTS/CTS a été, à l'origine, créée dans le protocole MACA (*Multiple Access Collision Avoidance*) [117], améliorée dans le protocole MACAW (*MACA for Wireless LANs*) [118] qui a ajouté les paquets d'acquittement ACK (*Acknowledgement*) à la fin de chaque trame de données envoyée pour garantir une bonne transmission dans le réseau. MACAW améliore MACA en augmentant le débit du réseau. Ce protocole a été inclus dans la norme IEEE 802.11 [34] fonctionnant en mode DCF (*Distributed Coordinate Function*). Le mode DCF est un protocole d'accès au médium, il est purement distribué et se base sur MACAW en ajoutant l'écoute du canal virtuel. Deux émetteurs A et B souhaitent émettre une trame en direction du même récepteur C. A et B ne sont pas dans la même portée radio et ne détectent donc pas les émissions de l'autre. Sans échange RTS/CTS préalable à la transmission, les deux trafics engendreraient régulièrement des collisions. Le mécanisme d'évitement de collision utilisé par le protocole CSMA/CA permet de résoudre ce problème du nœud caché. Avant de transmettre une trame, A envoie un message RTS à C. C autorise la transmission en répondant pas un message CTS à destination de A. Le médium radio étant par nature diffusant, ce message atteindra B qui sera alors informé que le médium sera occupé durant une durée correspondant à l'émission de la trame. B n'émettra alors pas durant cette période et ne provoquera pas de collision au niveau de C. Ce principe de réservation du médium est appelé détection de la porteuse (*Virtual Carrier Sense*) et la période de réservation est appelée NAV (*Network Allocation Vector*), pendant laquelle les nœuds savent que le canal est occupé et ils essaient d'accéder au canal lorsque cette durée du temps expire.

3.4 Le problème du nœud caché

Dans la figure 3.10, le nœud source représente le nœud A, le nœud destination est le nœud C et les autres nœuds représentent les voisins du nœud A et les voisins du nœud C tel que le nœud B (B voisin du C).

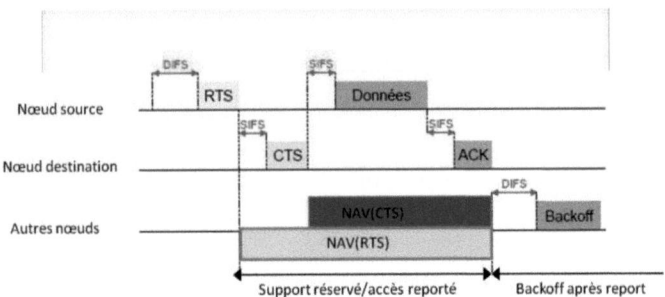

FIGURE 3.10 – Transmission avec le mécanisme de réservation RTS/CTS

Ajustement de l'écoute de la porteuse

La technique de l'écoute de la porteuse [119][120] consiste en l'ajustement adéquat de la sensibilité de la porteuse afin de détecter les transmissions des nœuds voisins qui se trouvent à deux ou à plusieurs sauts. De cette façon, un nœud émetteur qui était non détecté par la procédure régulière de l'écoute de la porteuse, devient maintenant non masqué, permettant à d'autres nœuds qui souhaitent transmettre à reporter leurs transmissions par des backoffs afin d'éviter les collisions. Notons que dans cette approche, le rayon de transmission, qui permet au nœud d'atteindre ses voisins les plus proches de lui géographiquement, ne change pas et est indépendant de l'ajustement de l'écoute de la porteuse nécessaire pour détecter les transmissions d'autres nœuds. Diverses études ont été menées dont l'objectif était d'analyser les effets du rayon de l'écoute de la porteuse sur les performances du protocole IEEE 802.11 MAC, ou d'étudier en profondeur cette technique pour trouver un seuil optimal de l'écoute de la porteuse en considérant plusieurs topologies de réseau, ou enfin de proposer des algorithmes distribués adaptatifs de contrôle de puissance visant à minimiser les interférences mutuelles entre les liens, tout en évitant les nœuds cachés et assurer un bon compromis entre la capacité du réseau et l'équité [3].

Regroupement de nœuds

Le principe de la technique de regroupement de nœuds consiste en la création des groupes de nœuds dans le réseau (Figure 3.11), où tous les nœuds de chaque groupe formé ne sont pas des nœuds cachés (ils sont visibles) l'un de l'autre, et ne souffrent donc pas du problème du nœud caché. Plus précisément, les transmissions des nœuds au sein de chaque groupe sont ordonnancées par un ordonnanceur du groupe de telle sorte que les communications ne se chevauchent pas avec les autres nœuds des autres groupes. Une telle stratégie de regroupement est particulièrement adaptée pour les topologies en étoile avec une station de base. Dans ce sens, une stratégie de regroupement a été proposée

3.4 Le problème du nœud caché

dans [121] pour résoudre le problème des nœuds cachés dans les réseaux IEEE 802.15.4 en étoile. L'approche utilisée est réactive où le processus de regroupement des nœuds est déclenché à chaque fois que le coordinateur PAN détecte une collision provoquée par des nœuds cachés. Plus récemment, une étude similaire a été menée dans [122]. Dans [3], l'auteur a proposé une autre technique de regroupement H-NAMe qui est proactive, efficace et scalable pour les RCSFs en topologie cluster-tree synchronisée, ensuite il a montré comment intégrer cette approche dans les réseaux IEEE 802.15.4/ZigBee.

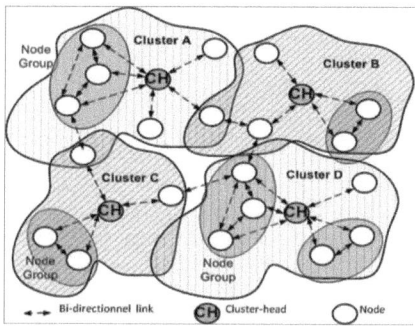

FIGURE 3.11 – Exemple de regroupement de nœuds [3]

Récemment, une solution inter-couches a été proposée dans [123] afin de surmonter le problème du nœud caché. Les adresses des nœuds cachés qui ont causé la collision sont détectées au niveau de la couche physique (PHY). La couche MAC va ensuite attribuer aux nœuds identifiés des slots de temps distincts pour transmettre leurs données tout en évitant les collisions.

3.4.2 Discussion

La dégradation de la performance des réseaux en présence du problème du nœud caché a motivé certains chercheurs à envisager des scénarios spécifiques et proposer des techniques pour atténuer les effets négatifs de ce problème. Nous avons présenté quatre techniques et les caractéristiques de chacune d'elles. Nous allons, à présent, discuter de leur applicabilité aux RCSFs en général et aux réseaux IEEE 802.15.4/ZigBee en particulier. Premièrement, l'utilisation de la technique de BTMA exige que chaque nœud capteur doit être muni de deux radios, une pour l'émission et la réception des données et l'autre pour la transmission simultanée de la tonalité d'occupation (*busy tone*). En considérant le contexte des RCSFs et des réseaux ZigBee, cette solution est en contradiction avec les principaux objectifs de ces deux technologies à savoir le faible coût et la faible consommation d'énergie.

Deuxièmement, la technique RTS/CTS qui consiste en l'échange des messages RTS et CTS pour chaque paquet de données à transmettre présente plusieurs problèmes dans les RCSFs et les réseaux IEEE 802.15.4/ZigBee à ressources limitées. D'une part, l'énergie consommée et la bande passante utilisée par cet échange sont considérables. D'autre part, la petite taille des paquets du standard IEEE 802.15.4 est similaire à celle des paquets RTS et CTS, ce qui va à l'encontre de l'objectif visé par cet échange. Vu que la probabilité de collision des paquets RTS/CTS devient équivalente à celle des paquets réguliers de IEEE 802.15.4, cela ne fait aucune différence si la technique RTS/CTS est utilisée ou non.

La troisième technique semble assez simple à mettre en œuvre car elle nécessite uniquement un réglage optimal d'un seul paramètre pour la détection des nœuds cachés. Malheureusement, pour son utilisation dans le contexte des RCSFs, le réglage de l'écoute de la porteuse à une valeur adéquate n'est pas toujours une tâche facile, en particulier lorsque les nœuds sont placés aléatoirement et la distance entre les voisins d'un saut varie sensiblement. L'ajustement de l'écoute de la porteuse à une valeur appropriée introduit également un compromis entre la probabilité de collision et le débit de données à atteindre. Autrement dit, si le rayon de l'écoute de la porteuse est assez grand, cela va contribuer à réduire la probabilité des collisions mais va également réduire le nombre de transmissions simultanées des nœuds dans le réseau et par conséquent réduire le débit. Plus important encore, l'augmentation du rayon de l'écoute de la porteuse conduit à une consommation d'énergie considérable qui ne peut pas être acceptable pour la plupart des applications des RCSFs. Même, dans des situations où la consommation d'énergie peut ne pas être une préoccupation majeure, il n'est pas possible d'augmenter indéfiniment le rayon de l'écoute de la porteuse à cause des limitations matérielles.

Enfin, la quatrième technique de regroupement des nœuds est beaucoup plus adaptée aux RCSFs que les trois autres techniques citées précédemment puisque son échange de messages (*handshake*) ne se fait pas pour chaque paquet à transmettre, et par conséquent ne génère pas de surcharge de messages de contrôle. Malheureusement, dû aux changements de topologie du réseau, le processus d'ordonnancement doit être à chaque fois recalculé, ce qui peut devenir plus compliqué avec l'augmentation du nombre de nœuds. De plus, le regroupement des nœuds nécessite que la couche MAC du standard IEEE 802.15.4 fonctionne en mode beacon, une option qui n'est pas adaptée pour les applications haut débit dans les RCSFs et les réseaux ZigBee.

Vu que dans notre travail, nous nous intéressons aux applications haut débit dans les RCSFs multi-saut basés sur le standard IEEE 802.15.4/ZigBee, le mode de fonctionnement de la couche MAC que nous avons retenu est celui du CSMA/CA non slotté et dont le choix à été justifié dans le chapitre précédent. Mais d'après les techniques de gestion du problème du nœud caché présentées ci dessus, nous remarquons qu'aucune de ces quatre techniques ne convient à notre cas.

3.5 Conclusion

Dans ce chapitre nous avons présenté un état de l'art sur les protocoles de routage mono et multi chemins et sur les approches de gestion du problème du nœud caché dans les RCSFs et les réseaux ZigBee.

La technique de routage multi-chemin présente de nombreux avantages, elle est considérée comme une approche efficace pour améliorer la capacité du réseau et l'utilisation des ressources en présence d'un trafic intensif dans le réseau. Les protocoles de routage multi-chemin peuvent être classés selon l'objectif de l'application, à savoir, assurer un routage tolérant aux pannes,

3.5 Conclusion

offrir une transmission de données fiable et permettre une utilisation efficace des ressources du réseau. Tous les protocoles de routage multi-chemin que nous avons présenté dans ce chapitre sont résumés dans la table 3.1 qui montre un bref aperçu des principales motivations derrière leur conception et d'autres paramètres qui les caractérisent.

Les différents protocoles de routage multi-chemin présentés dans ce chapitre, où la plupart d'entre eux sont basés sur le protocole IEEE 802.11 et aucun n'est basé sur la norme IEEE 802.15.4/ZigBee, représentent des solutions intéressantes répondant aux exigences imposées par différents types d'applications des RCSFs. Bien que chacune de ces contributions apporte une solution innovante à un problème donné, le fait qu'elles ne soient pas interopérables freine le déploiement de ces réseaux. Une solution au problème d'interopérabilité dans les nouvelles technologies peut être la standardisation qui permet de créer une base commune de travail pour tout chercheur/industriel dans le domaine afin de pouvoir produire du matériel et du logiciel compatibles et interopérables.

Notre première contribution consiste à proposer un protocole de routage hybride multi-chemin à nœuds disjoints permettant le transport de données à haut débit dans les RCSFs basés sur le standard IEEE 802.15.4/ZigBee (qui sera l'objectif du prochain chapitre). Notre protocole se base, d'une part, sur une architecture hiérarchique où les nœuds sont liés entre eux par des liens père-fils et d'autre part, sur un graphe associé contenant tous les autres liens non père-fils reliant les nœuds du RCSF. L'architecture hiérarchique permet l'utilisation du routage hiérarchique offert par ZigBee tout en bénéficiant de ses avantages : il est simple, déterministe, ne nécessite aucun échange de paquets pour l'établissement des chemins, puis, à l'inverse du routage géographique, il n'a besoin d'aucun dispositif ou protocole de localisation. Le graphe associé, quant à lui, permet la construction d'autres chemins de routage à nœuds disjoints.

Nous avons également remarqué la diversité des techniques de gestion du problème du nœud caché. Cependant, ces techniques n'ont pas un caractère universel, elles ne peuvent pas être appliquées à tous les contextes applicatifs, notamment, à notre contexte qui considère le mode de fonctionnement CSMA/CA non slotté. Nous sommes donc amenés à définir et à proposer un simple mécanisme d'évitement de collisions dues au problème du nœud caché dans les réseaux IEEE 802.15.4/ZigBee fonctionnant en mode CSMA/CA non slotté (c'est notre deuxième contribution qui sera détaillée dans le chapitre 5). Ce mécanisme va contribuer à l'amélioration des performances du réseau en termes de QdS exigée par les applications haut débit.

Chapitre 4

Le protocole de routage multi-chemin *Z-MHTR*

4.1 Introduction

Les protocoles de routage multi-chemin existants pour les réseaux de capteurs sans fil démontrent l'efficacité de la distribution du trafic sur plusieurs chemins pour satisfaire les besoins en qualité de service de différentes applications. Cependant, la performance de ces protocoles est fortement influencée par les caractéristiques du canal sans fil et peut-être même inférieure à la performance des approches mono-chemin. Plus précisément, lorsque plusieurs chemins adjacents sont utilisés simultanément, la nature de diffusion du canal sans fil provoque des interférences inter-chemin qui dégradent sensiblement le débit de bout en bout. Concernant les avantages inhérents (cités dans le chapitre 2) aux techniques de routage multi-chemin, dans ce chapitre, nous allons tout d'abord présenter dans la Section 4.2 notre proposition de protocole de routage multi-chemin à nœuds disjoints, appelé *Z-MHTR* (*ZigBee Multi-path Hierarchical Tree Routing*), conçu et implémenté dans le but de satisfaire les besoins de QdS des applications haut débit et multimédia. Ensuite, nous analysons dans la Section 4.3 le comportement de *Z-MHTR* dans différents scénarios d'expérimentation.

4.2 Le routage multi-chemin ZigBee

Dans cette section nous allons présenter et décrire notre protocole de routage *Z-MHTR*. C'est un protocole de routage multi-chemin conçu pour les RCSFs basés sur la norme IEEE 802.15.4/ZigBee. Il combine les liens père-fils de la structure hiérarchique du réseau ZigBee avec les liens de voisinage pour l'établissement de multiples chemins à nœuds disjoints, répondant aux besoins de la qualité de service en termes de bande passante exigée par les applications haut débit et multimédia. Pour la construction de chemins à nœuds disjoints, nous avons établi un ensemble de définitions, de lemmes, corollaire et de théoreme pour bien cerner cette notion de disjonction de chemins.

La Figure 4.1 montre la pile protocolaire d'un nœud capteur du réseau constituée de la couche réseau que nous avons ajoutée au dessus des deux couches MAC/PHY déjà existantes du standard IEEE 802.15.4. La couche réseau se situe entre la couche application et la couche MAC et implémente les fonctionnalités du protocole de routage multi-chemin. Le fonctionne-

4.2 Le routage multi-chemin ZigBee

ment de *Z-MHTR* s'appuie sur des primitives basées sur trois mécanismes qui sont la formation de la topologie cluster-tree, l'étiquetage et l'extension de la table des voisins.

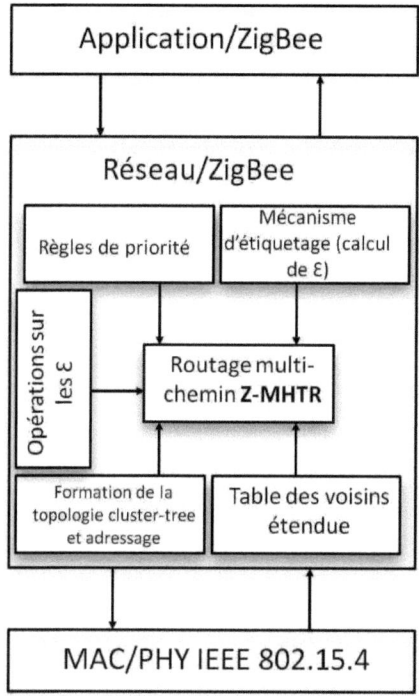

FIGURE 4.1 – Pile protocolaire d'un nœud du réseau

4.2.1 Mécanismes de *Z-MHTR*

Modèle du réseau et formation de la topologie cluster-tree

Nous commençons par une présentation du contexte propre au réseau de capteurs. Il y a plusieurs types de RCSFs et chaque protocole de routage ou d'accès au canal est normalement optimisé pour un type de ces réseaux. Donc, il est nécessaire de bien définir le contexte du RCSF que nous allons traiter. Nous supposons qu'un réseau de capteurs a pour but l'envoi de données au *Sink* via des communications multi-saut lorsqu'un évènement se produit. Nous modélisons notre réseau de capteurs par un graphe $\mathcal{G}(\mathcal{S}, \mathcal{A})$ organisé selon une architecture deux-tiers. Il est composé d'un ensemble de sommets $\mathcal{S}$ et d'un ensemble de liaisons sans fil $\mathcal{A}$ (Figure 4.2). Les sommets sont des nœuds routeurs auxquels sont attachés des nœuds

4.2 Le routage multi-chemin ZigBee

d'extrémité (typiquement des FFD et des RFD selon le standard IEEE 802.15.4 [18]). Les nœuds routeurs peuvent participer au routage multi-saut, par contre, les nœuds d'extrémité ne participent pas au routage et ne permettent pas l'association à d'autres nœuds. Les nœuds d'extrémité avec des capacités de capture sont généralement appelés des nœuds capteurs, ils peuvent collecter des données de type scalaire (température, humidité, etc.) ou bien de type multimédia (vidéo, audio, etc.) et les transmettre à leur pères routeurs. Un routeur peut aussi intégrer des capteurs et ainsi agir comme un nœud d'extrémité. Nous supposons que $\mathcal{G}$ est un graphe non orienté. C'est à dire que les liens (u, v) et (v, u) sont les mêmes ce qui implique que u et v sont dans la même portée radio l'un de l'autre. De plus, la symétrie entre les voisins est prise en compte. Autrement dit, si u est un voisin de v, alors v est également un voisin de u. Sans perte de généralité, nous supposons aussi que $\mathcal{G}$ est connexe de telle sorte qu'il existe un chemin entre chaque paire de nœuds dans le graphe.

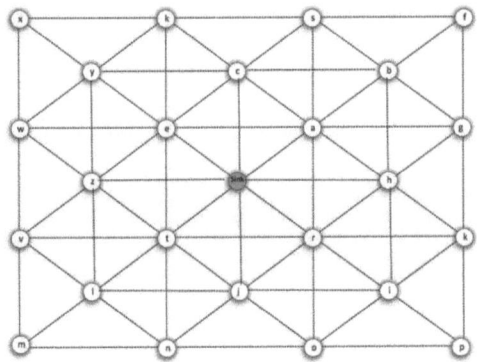

FIGURE 4.2 – Exemple d'un réseau de capteurs sans fil : le $Sink$ est le PAN du réseau

Soit $\mathcal{CT}(\mathcal{G}, \mathcal{A}_{\mathcal{CT}})$ le cluster-tree (arborescence de clusters) du graphe connexe non orienté $\mathcal{G}$. Dans la topologie cluster-tree, les nœuds sont organisés en groupes logiques, appelés clusters. Chaque routeur forme un cluster et est considéré comme le Chef du Cluster (CC). Tous ses nœuds fils sont associés au cluster, et le chef du cluster s'occupe de toutes leurs transmissions. La figure 4.3 montre le cluster-tree $\mathcal{CT}(\mathcal{G}, \mathcal{A}_{\mathcal{CT}})$ créé à partir du graphe $\mathcal{G}$ du RCSF de la figure 4.2 avec les paramètres de la topologie $(L_m, C_m, R_m) = (3, 4, 4)$ (Section 2.4).

Selon le standard IEEE 802.15.4/ZigBee, la création du cluster-tree se fait comme suit :

Le Coordinateur PAN forme le premier cluster et devient le Chef du Cluster (CC) avec un identifiant de cluster égal à 0, il choisit un identifiant PAN non déjà utilisé et diffuse les trames beacon à ses nœuds voisins. Un nœud recevant la trame beacon et souhaitant se connecter au cluster envoie une requête pour se joindre au CC. Si le coordinateur PAN accepte la requête d'association et permet au nœud de rejoindre le réseau, il l'ajoutera à sa liste des fils. Le nœud ayant récemment rejoint le cluster va lui aussi ajouter le CC comme son

4.2 Le routage multi-chemin ZigBee

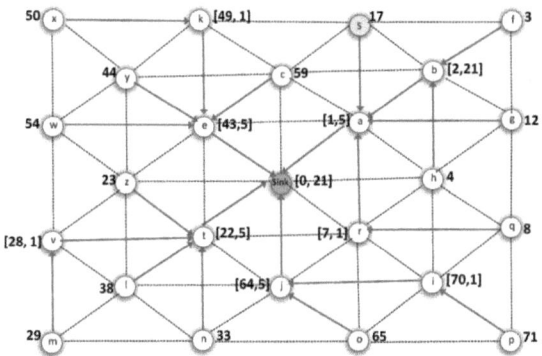

FIGURE 4.3 – RCSF après la formation de la topologie cluster-tree

père dans sa liste de voisins et un lien père-fils entre le chef du cluster et ce nœud membre est établi à ce moment. Ce dernier envoie également des trames beacons périodiques pour que d'autres nœuds puissent rejoindre le réseau. D'autres clusters peuvent être construits de la même manière. Par exemple, le routeur a est le chef du cluster du cluster 2 et les nœuds b, r, g et s sont des nœuds fils du routeur a (Figure 4.4). L'avantage de cette structure cluster-tree est d'étendre la zone de couverture pour les réseaux à grande échelle.

Du point de vue hiérarchie, le cluster-tree est un arbre orienté, représenté par les flèches solides dans la figure 4.4. D'autre part, du point de vue transmission de données, le cluster-tree est un arbre non orienté (c'est à dire les liens de communication sans fil sont bidirectionnels). Notons que cet arbre a la propriété suivante : un seul nœud, appelé racine et correspond au PAN ou $Sink$ du réseau, n'a pas de nœud père et tout autre nœud a exactement un seul nœud père. La *profondeur* d'un nœud est le nombre de sauts qui le séparent de la racine. Le nœud racine est de profondeur 0 et par convention, les arbres poussent vers le bas.

À la fin de la formation de la topologie cluster-tree, chaque nœud du réseau est associé à son nœud père et peut communiquer avec le $Sink$ en utilisant le chemin père-fils noté $Z\text{-}CH$ et définie comme suit :

Définition 1 *Un chemin père-fils ZigBee à partir du nœud source S de profondeur d_S vers le nœud destination $Sink$ de profondeur 0 est désigné par $Z\text{-}CH(S) = S \to N_{d_s-1} \to N_{d_s-2} \to \ldots N_1 \to Sink$, en passant par les nœuds intermédiaires N_{d_s-1}, N_{d_s-2}, ..., N_1 où toutes les liaisons sont des liens père-fils.*

Ce chemin est uniquement composé de liens père-fils construits au niveau de la couche MAC. Chaque nœud du chemin transmet les données à son nœud père jusqu'à ce qu'elles arrivent au $Sink$.

4.2 Le routage multi-chemin ZigBee

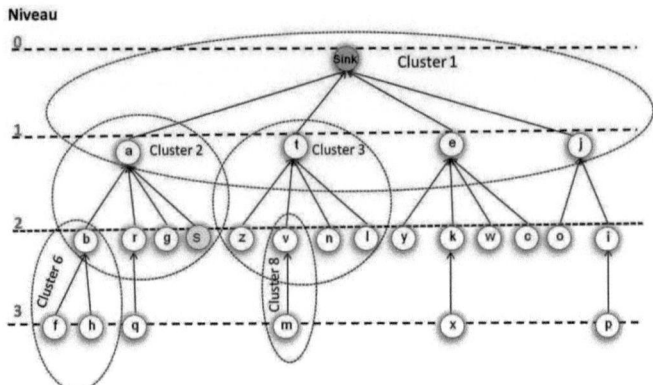

FIGURE 4.4 – Topologie cluster-tree logique : le nœud $Sink$ est la racine

Bien que cette topologie de réseau est efficace pour les RCSFs, elle souffre du routage restreint et d'une utilisation limitée de la bande passante. En effet, la communication multi-saut, mono-chemin et hiérarchique est déterministe parce que chaque nœud interagit uniquement avec son nœud routeur père et ses nœuds fils. Les messages sont transmis d'un cluster vers un autre cluster jusqu'à atteindre le $Sink$ en utilisant uniquement les liens père-fils. Dans une telle structure arborescente, toute rupture de lien de communication suspend complètement la transmission des données et l'opération de l'établissement entraînera des messages de contrôle supplémentaires. La topologie empêche également l'utilisation de nombreux chemins de routage potentiels, ce qui signifie qu'une quantité considérable de bande passante ne peut pas être utilisée et par conséquent une charge de trafic assez importante ne peut pas être livrée avec succès au $Sink$. D'où l'intérêt que nous avons apporter à l'extension de ce routage mono-chemin, hiérarchique et proactif en un routage multi-chemin hybride qui combine le routage hiérarchique avec le routage réactif. Cette combinaison est possible grâce à l'utilisation de la topologie maillée aussi offerte par la technologie ZigBee. La construction de chemins multiples s'appuie, en plus de la structure hiérarchique, sur des liens de communications de type non père-fils appelés liens maillés (liens de voisinage) et sur le schéma d'étiquetage du cluster-tree que nous allons décrire dans la sous section suivante.

Schéma d'étiquetage du cluster-tree

Le schéma d'allocation des adresses de ZigBee indique clairement que l'emplacement logique (c-à-d l'adresse réseau) d'un nœud est uniquement déterminé par une étiquette représentée par une séquence de valeurs le long de l'arbre. Par conséquent, le chemin hiérarchique de la racine (coordonnateur) à chaque nœud du réseau est codé dans cette étiquette. Ce schéma d'étiquetage est simplement basé sur le rang d'un nœud fils, situé à une profondeur d_k, attribué par un nœud père de profondeur d_{k-1} au moment de l'association. A chaque association réussie avec le nœud père, un rang i est affecté au nœud fils tel que $1 \leq i \leq Cm$. Un tel

4.2 Le routage multi-chemin ZigBee

schéma d'étiquetage est montré à la figure 4.5. Le nœud racine $Sink$ à quatre fils et n'a pas de nœud père. a est le premier fils du nœud $Sink$, son rang est donc égal à 1. Ensuite, le second fils t a le rang 2 et le dernier fils j a le rang 4. Le nœud a à son tour affecte différents rangs à ses nœuds fils auquel ils sont associés. Les nœuds b, r, g et s ont les rangs 1, 2, 3 et 4 respectivement. Deux nœuds fils f et h sont associées au nœud b avec les rangs 1 et 2 respectivement. Un seul nœud fils q de rang 1 est associé au nœud père r. Par contre, g et s n'ont pas de nœuds fils et l'arbre ne s'étend pas plus loin au niveau de ces deux nœuds.

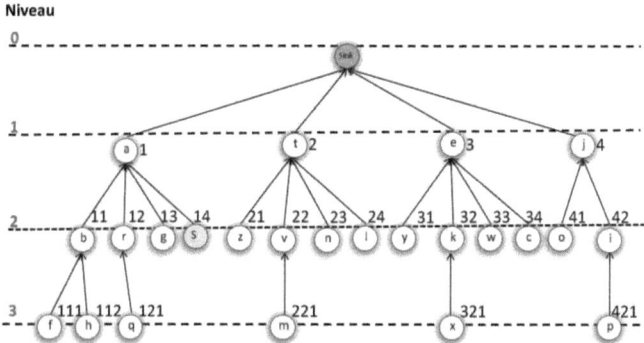

FIGURE 4.5 – Topologie cluster-tree logique avec étiquetage hiérarchique

Nous appellerons cette séquence de valeurs *étiquette* qu'on notera $\mathcal{E}$. Le schéma d'étiquetage du cluster-tree consiste donc à faire associer à chaque nœud de l'arborescence une étiquette définie comme suit :

Définition 2 *L'étiquette d'un nœud C de profondeur[1] $d_c \geq 1$ noté $\mathcal{E}_c$ est une séquence d'entiers $(E_1^c, E_2^c, ..., E_{d_c}^c)$ qui détermine le chemin père-fils dans l'arbre à partir de C vers le Sink. Chaque élément E_k^c ($1 \leq k \leq d_c$) est simplement le rang du nœud fils de profondeur k appartenant au chemin père-fils $Z\text{-}CH(C)$.*

Lemme 1 *L'adresse ZigBee d'un nœud C routeur (ZR) de l'arbre ZigBee peut être exprimée par la formule suivante :*

$$A_c = d_c + \sum_{i=1}^{d_c} Cskip(i-1)(E_i^c - 1)$$

Démonstration : D'après la formule (2.3), nous pouvons exprimer l'adresse du nœud C qui est le $E_{d_c}^c$ ième fils de profondeur d_c d'un nœud père de profondeur $d_c - 1$, comme suit :

$$A_c = A_p^{d_c-1} + Cskip(d_c - 1)(E_{d_c}^c - 1) + 1 \text{ avec } (1 \leq E_{d_c}^c \leq R_m)$$

---
1. Le $Sink$ n'est pas concerné par cet étiquetage.

4.2 Le routage multi-chemin ZigBee

Où l'adresse réseau d'un nœud père A_p situé à une profondeur d est noté A_p^d. Le nœud père $A_p^{d_c-1}$ est à son tour le $E_{d_c-1}^c$ ième fils de profondeur $d_c - 1$ d'un nœud père de profondeur $d_c - 2$. Puisque le nœud père d'adresse $A_p^{d_c-1}$ doit être un nœud routeur, son adresse peut être exprimée, en utilisant l'équation (2.3), comme suit :

$$A_p^{d_c-1} = A_p^{d_c-2} + Cskip(d_c - 2)(E_{d_c-1}^c - 1) + 1 \qquad (1 \le E_{d_c-1}^c \le R_m) \qquad (4.1)$$

Ainsi l'adresse de C devient :

$$A_c = A_p^{d_c-2} + Cskip(d_c - 2).(E_{d_c-1}^c - 1) + 1 + Cskip(d_c - 1).(E_{d_c}^c - 1) + 1$$

et ainsi de suite tout au long de l'arbre et en appliquant récursivement l'équation (2.3), l'adresse père est calculée jusqu'à ce qu'elle atteigne la valeur 0 qui correspond à l'adresse du coordinateur PAN ($Sink$). À la fin, la valeur de A_c devient :

$$A_c = A_p^0 + \sum_{i=1}^{d_c} Cskip(i-1)(E_i^c - 1) + d_c$$

Enfin :

$$A_c = d_c + \sum_{i=1}^{d_c} Cskip(i-1)(E_i^c - 1) \qquad (4.2)$$

∎

À partir de l'équation 4.2 du lemme 1, nous pouvons facilement déduire les valeurs E_k^c ($k \in [1, d_c]$) [124] de l'étiquette $\mathcal{E}_c$ du nœud C tel que :

$$E_k^c = \lfloor \frac{A_c - k - \sum_{i=1}^{k-1} Cskip(i-1)(E_i^c - 1)}{Cskip(k-1)} \rfloor + 1 \qquad (4.3)$$

Notons que la première valeur E_1^c de $\mathcal{E}_c$ du nœud C donne le numéro du sous arbre auquel il appartient. Par convention, nous considérons que le sous arbre du $Sink$ est numéro égal à 0.

Nous remarquons à partir des définitions 1 et 2 que, pour un nœud C de profondeur d_c, il existe une relation étroite entre son chemin père-fils ZigBee $Z\text{-}CH(C) = C \to N_{d_c-1} \to N_{d_c-2} \to \ldots N_1 \to Sink$ et son étiquette $\mathcal{E}_c = (E_1^c, E_2^c, \ldots, E_{d_c}^c)$, c-à-d, le nœud C est le $E_{d_c}^c$ ième fils du nœud père N_{d_c-1} qui est le $E_{d_c-1}^c$ ième fils de N_{d_c-2} et ainsi de suite tout au long de l'arbre, le nœud N_1 est le E_1^c ième fils du nœud destination $Sink$.

Extension de la table des voisins

Le protocole de routage que nous avons proposé s'appuie sur l'utilisation de la table des voisins définie à l'origine dans la norme ZigBee. Chaque nœud maintient une table de voisins contenant toutes les informations de ses voisins d'un saut. Une entrée de la table des voisins contient des informations telles que l'identifiant du PAN du réseau, adresse étendue du nœud, adresse réseau, type du dispositif (RFD ou FFD) et le type de relation de voisinage.

4.2 Le routage multi-chemin ZigBee

D'autres informations supplémentaires telles que l'ordre du beacon, profondeur ou l'autorisation de l'association peuvent être incluses. Cette table des voisins est mise à jour à chaque fois que le nœud reçoit des message de son voisinage. Pour permettre la construction de chemins supplémentaires nous avons, d'une part, ajouté de nouveaux champs à la table des voisins et d'autre part, enrichi l'ensemble des relations de voisinage que peut avoir un nœud avec ses voisins en plus de la relation père-fils déjà établie pendant la phase d'association. En plus de ces informations, *Z-MHTR* suppose que chaque nœud N du réseau garde pour chaque voisin V, les attributs suivants :

Num-branche : le numéro du sous-arbre (la branche) auquel appartient V. Ce numéro peut être déduit à partir de l'adresse réseau de V en calculant le premier élément E_1^v de l'étiquette $\mathcal{E}_v$ de ce voisin ;

état : un nœud peut avoir trois états. Initialement, il est dans l'état non utilisé ($état = 0$) et donc n'appartient à aucun chemin. Il passe à l'état utilisé ($état = 1$) s'il appartient à un et un seul chemin de routage valide. Par contre, si aucun chemin de routage ne peut être établi à partir de ce nœud, il devient un nœud bloqué ($état = 2$).

Types de relations de voisinage

Pendant la phase de formation de la topologie cluster-tree basée essentiellement sur l'opération d'association au niveau MAC, chaque nœud N du réseau utilise sa table de voisins pour pouvoir sélectionner le bon candidat père avec lequel s'associer en choisissant celui qui a la plus petite profondeur. Ensuite, une fois que l'association est effectuée avec succès, chacun des nœuds père et fils sauvegarde, respectivement, ce type de relation dans sa table de voisins. En plus de cette relation père-fils, le nœud N peut avoir d'autres types de relations de voisinage avec ses nœuds voisins qui se trouvent dans sa portée radio et qui ne sont ni père ni fils. Ainsi, nous avons définie de nouveaux types de relations de voisinage. Ci dessous nous donnons l'ensemble des relations de voisinage utilisées dans notre protocole de routage (déjà existantes et nouvelles) :

Père (𝒫) : cette relation de voisinage indique que le nœud voisin V est le nœud père avec lequel le nœud N s'est associé.

Fils (ℱ) : le nœud voisin V est le nœud fils de N (N est le nœud père du nœud voisin V).

Frère (Sibling) (𝒮) : le nœud V est le sibling du nœud N si les deux nœuds ont le même nœud père.

Cousin (𝒞) : le nœud V est le cousin du nœud N si $E_1^n = E_1^v$ et ils ne sont pas des nœuds sibling (frères).

Voisin Sink (𝒱𝒮) : si le nœud voisin V est le *Sink* alors la relation de voisinage entre N et le *Sink* est de type $\mathcal{VS}$.

4.2 Le routage multi-chemin ZigBee

Voisin Disjoint (VD) : cette relation de voisinage existe entre un nœud voisin V et un nœud N si les deux nœuds n'appartiennent pas à la même branche (sous-arbre) c-à-d $E_1^v \neq E_1^n$.

Dans la suite du manuscrit et dans l'objectif de simplifier les explications, nous utiliserons l'expression "nœud V est de type $\mathcal{R}$" pour signifier que les nœuds N et V sont reliés par la relation de voisinage $\mathcal{R}$, où $\mathcal{R}$ peut représenter soit la relation $\mathcal{P}$, $\mathcal{F}$, $\mathcal{S}$, $\mathcal{C}$, $\mathcal{VS}$ ou $\mathcal{VD}$.

Notons qu'un nœud N du réseau a un et un seul voisin père $(\mathcal{P})$, peut avoir un et un seul voisin $Sink$, un nombre ≥ 0 de voisins de type fils $(\mathcal{F})$, frère $(\mathcal{S})$, cousin $(\mathcal{C})$ ou $(\mathcal{VD})$. Par exemple, dans la figure 4.3, le nœud a est le père du nœud s, le nœud c a le $Sink$ comme voisin, les nœuds a, t, e, j sont les fils du nœud $Sink$, le nœud b est le frère du nœud g, le nœud b est le cousin du nœud q, le nœud c est le voisin de type $\mathcal{VD}$ de s. Les deux relations de voisinage $\mathcal{P}$ et $\mathcal{F}$ sont déduites automatiquement par le nœud N une fois qu'il est associé au réseau, aucun calcul n'est effectué pour identifier de telles relations. Parmi les relations de voisinage citées ci-dessus, il y' en a celles dont le nœud voisin appartient au même sous-arbre que celui du nœud N, telles que $\mathcal{P}$, $\mathcal{F}$, $\mathcal{S}$ et $\mathcal{C}$ et d'autres n'appartenant pas au même sous-arbre du nœud N, telles que $\mathcal{VS}$ et $\mathcal{VD}$.

4.2.2 Protocole de routage multi-chemin à nœuds disjoints

Nous pouvons généralement distinguer deux catégories de protocoles de routage : les protocoles utilisant une approche proactive et les protocoles utilisant une approche réactive. Que nous utilisons une approche réactive ou proactive pour un protocole de routage, deux problèmes sont récurrents. Le premier problème que nous allons soulever est celui du surcoût de communication qui est dû essentiellement soit à la technique de *broadcast* utilisée dans le cas des protocoles réactifs, soit aux échanges périodiques des tables de routage, de taille non négligeable, dans le cas des protocoles proactifs. Le deuxième problème est qu'indépendamment du coût de communication, l'introduction de nombreux paquets de contrôle peut entraîner une congestion du réseau.

Afin d'apporter une solution partielle à ces problèmes, nous proposons un protocole de routage hybride dans le sens où il combine le routage hiérarchique proactif de ZigBee avec un routage réactif basé sur le processus de découverte de chemins à la demande. En effet, d'un côté, le protocole hiérarchique proactif ne demande aucun échange supplémentaire de messages (Il faut considérer que ces messages sont échangés en tout cas au cours de la phase de formation de la topologie) ni une gestion de table de routage, il ne surcharge donc pas le réseau par un trafic de contrôle. Toutes les informations nécessaires sont déjà récupérables grâce à la couche MAC. D'un autre côté, la composante réactive de notre protocole n'utilise pas la technique de diffusion comme c'est le cas dans les protocoles traditionnels réactifs. En effet, au lieu que le message de demande de chemin soit diffusé dans tout le réseau, notre idée est de faire une découverte de chemins très légère en s'appuyant sur le mécanisme d'étiquetage hiérarchique, les liens père-fils de la topologie hiérarchique du réseau et les liens de voisinage non père-fils. À cet effet, nous proposons un nouveau schéma de découverte de chemins moins coûteux, qui s'adapte aux contraintes liées aux RCSFs tout en étant plus efficace dans la pratique que le *broadcast*.

4.2 Le routage multi-chemin ZigBee

Z-MHTR comprend trois phases. La première étape cherche les chemins multiples à nœuds disjoints. La deuxième phase consiste en la sélection des chemins de routage par la source et la distribution du trafic sur ces chemins. La maintenance des chemins découverts vient en troisième phase.

Découverte et établissement de chemins

Après la formation du cluster-tree où chaque nœud est étiqueté hiérarchiquement, la tâche du routage peut être effectuée en utilisant les tables de voisins de chaque nœud. *Z-MHTR* est à la fois réactif et proactif :

Il est proactif du fait que la source utilise le(s) chemin(s) hiérarchique(s) (père-fils) établie(s) au préalable pendant la phase de formation de la topologie du réseau. Autrement dit, si le type du voisin est $\mathcal{P}$, $\mathcal{VS}$ ou $\mathcal{VD}$ tel que le sous-arbre du nœud de type $\mathcal{VD}$ n'est pas encore utilisé par le routage hiérarchique TR (*Tree Routing*), le processus de découverte de chemins disjoints n'est pas nécessaire et le nœud source peut alors envoyer immédiatement les données soit vers le $Sink$ (si c'est un voisin du $Sink$) ou sur les chemins père-fils menant au $Sink$ (si voisin de type $\mathcal{P}$ ou $\mathcal{VD}$).

Il est réactif puisque les chemins sont mis en place en cas de besoin et pas avant. Les messages de découverte de chemins sont envoyés par la source et sont transmis en monodiffusion (*unicast*) d'un nœud à un autre à l'aide de règles spéciales (qui seront expliquées plus loin) et ne sont jamais diffusées (*broadcast*). Pour renforcer donc le processus de découverte de chemins, le mécanisme d'acquittement avec ACK est utilisé. Le déclenchement du processus de découverte de nouveaux chemins disjoints n'est possible que si la source a des voisins de type $\mathcal{VD}$, $\mathcal{S}$ ou $\mathcal{C}$ dont le sous-arbre a été déjà utilisé par TR. Les détails de cette découverte seront décrits par la suite (Algorithmes 2 et 3).

Les chemins qui doivent être découverts et utilisés par *Z-MHTR* doivent être à nœuds disjoints. C'est vrai qu'il est plus facile de rechercher des chemins non disjoints car la disjonction des chemins impose des contraintes supplémentaires pour la découverte de chemins. Néanmoins, ils offrent plus de fiabilité au réseau et évitent les collisions entre paquets de données lors de leur transmission. Si l'information routée se concentre systématiquement sur certains nœuds, un engorgement est possible. Ainsi, lorsqu'un nœud est l'unique point de connexion entre deux ou plusieurs chemins, toute tentative de communication entre des nœuds situés de part et d'autre requiert nécessairement la participation du nœud de connexion. Par conséquent, un nœud fortement sollicité ne pourra gérer la totalité des données qu'il reçoit, à cause, par exemple, des problèmes de collisions entre les paquets reçus, la congestion, etc. À l'inverse, en éclatant un flux sur un ensemble de chemins à nœuds disjoints, on augmente le nombre total de participants et on réduit le risque de surcharge de nœuds et de collisions dues au problème du nœud caché. D'autre part, la transmission des données à haut débit utilisera la capacité maximale de transmission de chaque chemin, qui ne permet pas que les nœuds du chemin actif soient partagés avec d'autres chemins pour la transmission. Généralement, les

4.2 Le routage multi-chemin ZigBee

chemins à nœuds disjoints sont définies comme suit :

Définition 3 *Deux chemins $P = S \to N_1 \to N_2 \to \ldots \to N_k \to Sink$ et $P' = S \to N'_1 \to N'_2 \to \ldots \to N'_k \to Sink$ sont des chemins à nœuds disjoints si et seulement s'ils n'ont pas de nœuds intermédiaires communs. Dans ce cas, seuls le nœud source S et le nœud destination $Sink$ sont des nœuds communs : $N_i \neq N'_j \quad \forall i, j \in [1, k]$.*

Un chemin de routage qui peut exister entre la source et le $Sink$ peut avoir tous ses liens de type père-fils ou une concaténation de liens père-fils et de liens maillés. Dans notre contexte, nous définissons deux chemins père-fils ZigBee disjoints comme suit :

Définition 4 *Deux chemins père-fils ZigBee $Z\text{-}CH(A) = A \to N_{d_a-1} \to N_{d_a-2} \to \ldots N_1 \to Sink$ et $Z\text{-}CH(B) = B \to N'_{d_b-1} \to N'_{d_b-2} \to \ldots N'_1 \to Sink$ sont dits des chemins ZigBee à nœuds disjoints si et seulement s'ils n'ont pas de nœuds intermédiaires communs et le nœud destination $Sink$ est le seul nœud commun.*

Soient A et B deux nœuds de profondeurs d_a et d_b respectivement et soient $\mathcal{E}_a = (E^a_1, E^a_2, \ldots, E^a_{d_a})$ et $\mathcal{E}_b = (E^b_1, E^b_2, \ldots, E^b_{d_b})$ les deux étiquettes associées correspondant aux deux chemins père-fils ZigBee $Z\text{-}CH(A) = A \to N_{d_a-1} \to N_{d_a-2} \to \ldots N_1 \to Sink$ et $Z\text{-}CH(B) = B \to N'_{d_b-1} \to N'_{d_b-2} \to \ldots N'_1 \to Sink$, respectivement.

Lemme 2 *Si $E^a_1 \neq E^b_1$ alors le premier et l'unique nœud commun entre les deux chemins père-fils ZigBee de A et B est le $Sink$.*

Démonstration :
Supposons que le premier et unique nœud commun de A et B n'est pas le $Sink$ et qu'il soit situé a une profondeur égale à 1. Ceci signifie que les deux chemins père-fils ZigBee de A et B partage le même nœud de profondeur égale à 1, c-à-d $N_1 = N'_1$ qui sont deux nœuds de profondeur égale à 1, ce qui signifie, selon les définitions 1 et 2 que N_1, respectivement N'_1 est le E^a_1 ième, respectivement E^b_1 ième fils du nœud père de profondeur égale à 0, nous déduisons donc que $E^a_1 = E^b_1$. ∎

Lemme 3 *Si le premier et l'unique nœud commun de deux chemins ZigBee de A et B est le $Sink$ alors $Z\text{-}CH(A)$ et $Z\text{-}CH(B)$ sont des chemins ZigBee à nœuds disjoints.*

Démonstration : Supposons que les deux chemins $Z\text{-}CH(A)$ et $Z\text{-}CH(B)$ ne sont pas à nœuds disjoints, selon la définition 4 et en prenant en considération la longueur du chemin (nombre de nœuds), ceci signifie que les deux chemins ont en commun au moins un nœud de profondeur différente de zéro ($\neq 0$). ∎

4.2 Le routage multi-chemin ZigBee

Le théorème suivant établit le critère de disjonction entre deux chemins.

Théorème 1 *Deux chemins Z-$CH(A)$ et Z-$CH(B)$ sont des chemins ZigBee à nœuds disjoints si et seulement si $E_1^a \neq E_1^b$.*

Démonstration : Puisque les deux chemins Z-$CH(A)$ et Z-$CH(B)$ sont à nœuds disjoints alors, selon la définition 4, $N_1 \neq N_1'$ ainsi nous pouvons déduire, à partir des définitions 1 et 2, que $E_1^a \neq E_1^b$. Si $E_1^a \neq E_1^b$ alors le premier et l'unique nœud commun de A et B est le nœud de profondeur égale à 0 (lemme 2) et par application du lemme 3, les deux chemins Z-$CH(A)$ et Z-$CH(B)$ sont à nœuds disjoints. ∎

Bien que l'utilisation de la condition du théorème 1 est suffisante pour déterminer si deux chemins sont à nœuds disjoints, dans certaines situations de simples tests peuvent être utilisés pour éviter des calculs supplémentaires, conduisant à une mise en œuvre plus efficace. En particulier, nous avons le corollaire suivant :

Corollaire 1 *Si un nœud voisin V de profondeur d_v est un sibling du nœud S de profondeur d_s ($d_v = d_s$), alors le chemin père-fils ZigBee Z-$CH(S) = S \to N_{d_s-1} \to N_{d_s-2} \to \ldots N_1 \to Sink$ et le chemin $P' = S \to V \to N_{d_v-1}' \to \ldots N_1' \to Sink$, où tous les liens à l'exception du lien $S \to V$ sont des liens père-fils, ne sont pas à nœuds disjoints.*

Démonstration : Puisque V est un sibling de S, alors V et S partagent le même nœud père (c-à-d $N_{d_s-1} = N_{d_v-1}'$) qui lui même appartient aux deux chemins Z-$CH(S)$ et P'. Nous déduisons que Z-$CH(S)$ et P' ne sont pas à nœuds disjoints. ∎

Notons qu'à partir du corollaire 1, le second chemin P' dépasse normalement le chemin père-fils Z-$CH(S)$ d'un seul saut.

Avant de détailler le fonctionnement de l'algorithme de routage multi-chemin Z-$MHTR$ au niveau du nœud source et d'un nœud intermédiaire, nous présentons tout d'abord les différents types de paquets de contrôle et leur structures utilisés pendant la phase de découverte de chemins de Z-$MHTR$:

Types et structures des paquets de contrôle

Paquet de découverte de chemins $ExploreMsg$: pour la découverte de chemins supplémentaires, la source envoie, à travers l'un de ses voisins candidats, le paquet $ExploreMsg$ vers le $Sink$ pour la découverte d'un nouveau chemin. Ce message est aussi utilisé par

4.2 Le routage multi-chemin ZigBee

des nœuds intermédiaires comme il sera expliqué ci dessous. Afin de découvrir des chemins à nœuds disjoints, nous avons ajouté, à la structure du paquet de découverte donné par la spécification ZigBee (voir Annexe), un champ appelé $Linf$ contenant la liste des *étiquettes ($\mathcal{E}$)* des nœuds ayant utilisé le routage TR pour la première fois dans leur branches.

Paquet de réponse ReponseMsg : le paquet $ReponseMsg$ est envoyé par un nœud intermédiaire vers la source sur le chemin inverse établi pendant la phase de découverte. Ce nœud intermédiaire peut être soit un voisin non hiérarchique du $Sink$ ou possède un nœud voisin de type $\mathcal{VD}$ dont la branche est non encore utilisée par le routage hiérarchique TR. Nous avons ajouté un nouveau champ à la structure du paquet réponse spécifié par ZigBee (voir Annexe). C'est le même champ $Linf$ que celui du paquet de découverte. Nous avons aussi utilisé le même champ "coût du chemin" du paquet ZigBee pour calculer le nombre de sauts du chemin qui s'incrémente à chaque saut traversé jusqu'à la source.

Paquet d'erreur ErrorMsg : quand un nœud intermédiaire n'arrive pas à trouver un nœud candidat parmi ses voisins vers lequel il doit transmettre le paquet $ExploreMsg$, on dit que ce nœud est *bloqué*. Ce dernier envoie un paquet $ErrorMsg$ vers son voisin duquel il a reçu le paquet $ExploreMsg$. Un paquet $ErrorMsg$ a la même structure que celle spécifiée dans la norme ZigBee (voir Annexe).

Algorithmes

Au niveau du nœud source : le nœud source utilise le routage mult-chemin hybride Z-MHTR pour envoyer ses données vers le $Sink$. Les nœuds voisins de la source S peuvent être choisis dans différents ordre pour activer le routage proactif ou réactif. La table 4.1 présente les règles de priorités que nous avons défini et sur lesquelles se base la source pour transmettre immédiatement les données ou déclencher le processus de découverte de chemins disjoints vers le $Sink$.

TABLE 4.1 – Règles de priorité appliquées par le nœud source S

RÈGLE	SIGNIFICATION
RÈGLE 0	appliquer les règles 1, 2 ensuite 3 en tenant compte des règles 4 et 5.
RÈGLE 1	si mon voisin est de type $\mathcal{VS}$ alors le nœud suivant est le $Sink$ (destination).
RÈGLE 2	voisin de type $\mathcal{P}$ avant voisins de type $\mathcal{VD}$.
RÈGLE 3	voisins de type $\mathcal{S}$ avant voisins de type $\mathcal{C}$.
RÈGLE 4	voisins de type $\mathcal{VD}$ dont le sous-arbre n'a pas été utilisé par TR avant d'autres voisins de type $\mathcal{VD}$.
RÈGLE 5	si plusieurs nœuds candidats de type $\mathcal{VD}$ ou $\mathcal{C}$ existent alors choisir le candidat avec la plus petite profondeur.

Quand un évènement est détecté, le nœud source S utilise immédiatement (sans décou-

4.2 Le routage multi-chemin ZigBee

verte) soit le $Sink$, s'il est son voisin (règle 1) ou le(s) chemin(s) père-fils pour envoyer les paquets de données vers le $Sink$. Le premier nœud intermédiaire de ce(s) chemin(s) père-fils peut être soit de type $\mathcal{P}$ ou de type $\mathcal{VD}$, à condition, que ce dernier, n'appartient pas à un sous-arbre déjà utilisé par TR (règles 2 et 4). Le nœud source S maintient à son niveau la liste L des *étiquettes* ($\mathcal{E}_v$) de ses nœuds voisins ayant utilisé, pour la première fois, la branche à laquelle ils appartiennent. L est initialement vide. Si la source utilise le routage proactif TR à partir de son voisin V alors elle met à jour la liste L par $\mathcal{E}_v$. Si d'autres nouveaux chemins sont nécessaires et que la source possède des nœuds voisins candidats non encore utilisés ($état = 0$) alors elle déclenche le processus de découverte de chemins à nœuds disjoints en envoyant à travers l'un de ses voisins vers le $Sink$ un paquet $ExploreMsg$ dont le champ $Linf$ correspond au contenu de la liste L (règles 2 et 3). La découverte d'un chemin se traduit par la réception d'un paquet $ReponseMsg$. Dans ce cas, la source met à jour la liste L par le contenu du champ $Linf$ du paquet $ReponseMsg$. Ce processus de découverte de chemins est décrit dans l'algorithme 2.

Algorithm 2 Algorithme au niveau du nœud source S en utilisant les règles de priorité (Table 4.1)

Envoi du paquet $ExploreMsg$
1: **if** un nœud voisin candidat V non utilisé ($état = 0$) existe **then**
2:    mise à jour et envoi du paquet $ExploreMsg$ vers le nœud suivant V ; {application des règles 2 et 3 tenant compte des règles 4 et 5}
3: **end if**

Réception du paquet $ReponseMsg$
1: mettre $état = 1$ du nœud voisin V duquel la source a reçu le paquet $ResponseMsg$
2: mettre à jour la liste L

Réception du paquet $ErrorMsg$
1: mettre $état = 2$ du nœud voisin vers lequel la source a envoyé le paquet $ExpolreMsg$

Pour les deux derniers cas de réception de l'algorithme ci dessus, si la source possède encore des nœuds voisins candidats non utilisés (état = 0) et souhaite effectuer d'autres découvertes de chemins disjoints, elle déclenche le processus de découverte en envoyant un nouveau paquet $ExploreMsg$.

Au niveau du nœud intermédiaire : au niveau du nœud intermédiaire C de profondeur d_c, d'autres règles de priorité, données dans la table 4.2, sont appliquées, pendant le processus de découverte de chemins disjoints vers le $Sink$, pour choisir le nœud du prochain saut parmi les voisins candidats de C.

L'application de la règle **RÈGLE 0** par le nœud C favorise la recherche d'un nouveau sous-arbre non déjà utilisé tout en s'approchant le plus rapidement possible du $Sink$. Le nœud intermédiaire C effectue la recherche du prochain saut en utilisant des opérations sur les $\mathcal{E}$: *Intersection*, *Inclusion* et *Utilise*. Ces opérations permettent d'assurer la disjonction des chemins de routage et sont définies et utilisées comme suit :

4.2 Le routage multi-chemin ZigBee

TABLE 4.2 – Règles de priorité appliquées par le nœud intermédiaire C

RÈGLE	SIGNIFICATION
RÈGLE 0	appliquer les règles 1, 2, 3, 4 et 5.
RÈGLE 1	si mon voisin est de type $\mathcal{VS}$ alors le nœud suivant est le $Sink$.
RÈGLE 2	si mon voisin V est de type $\mathcal{VD}$ dont le sous-arbre n'a pas été utilisé par TR alors le nœud suivant est le nœud V.
RÈGLE 3	voisin de type $\mathcal{P}$ avant voisins de type $\mathcal{VD}$.
RÈGLE 4	voisins de type $\mathcal{C}$ de profondeur inférieure à celle de C avant voisins de type $\mathcal{S}$.
RÈGLE 5	voisins de type $\mathcal{S}$ avant voisins de type $\mathcal{C}$ de profondeur supérieure à celle de C.

Intersection($\mathcal{E}_C$, $\mathcal{E}_{N_{E_1^c}}$) : la fonction intersection retourne le rang du premier élément différent entre le $\mathcal{E}_C$ du nœud C et le $\mathcal{E}_{N_{E_1^c}}$ du nœud $N_{E_1^c}$ qui a utilisé le TR dans la branche numéro E_1^c.

Inclusion($\mathcal{E}_v$,$\mathcal{E}_{N_{E_1^v}}$) : la fonction inclusion teste si le nœud voisin V appartient au chemin père-fils de $N_{E_1^v}$.

Utilise(E_1^v) : cette fonction teste si la branche numéro E_1^v a été utilisée par TR.

Quand un nœud intermédiaire C reçoit le paquet $ExploreMsg$, il lance la recherche du nœud suivant V parmi ses voisins. Trois cas peuvent se présenter :

1. Le voisin du nœud C est de type $Sink$ ou $\mathcal{VD}$ dont le sous-arbre n'a pas été utilisé par TR (l'opération *Utilise* retourne la valeur fausse), C construit donc le paquet $ReponseMsg$ et l'envoi vers la source sur le chemin inverse (règles 1 et 2).

2. Le nœud intermédiaire C choisit son prochain saut selon le résultat donné par l'opération *Intersection*. Deux cas sont à considérer :
   - Le premier nœud commun est de profondeur $d_c - 1$: ce nœud ancêtre commun n'est pas considéré comme le prochain saut et un autre voisin candidat V est choisi de la table des voisins de C. Ce cas est basé sur l'utilisation de l'opération *Inclusion* (règles 3, 4 et 5).
   - Le premier nœud commun est de profondeur inférieure à $d_c - 1$: dans ce cas, TR est appliqué par le nœud intermédiaire C (règle 3).

3. Le nœud C est un nœud bloqué : aucun nœud voisin candidat de C n'existe. C envoie un paquet $ErrorMsg$ vers son voisin duquel il a reçu le $ExploreMsg$. Le nœud récepteur, essaie d'envoyer le paquet $ExploreMsg$ vers un autre voisin candidat s'il existe, sinon, à son tour, fait retourner le paquet $ExploreMsg$ à son prédécesseur.

4.2 Le routage multi-chemin ZigBee

Ce processus de retour en arrière du paquet $ExploreMsg$ s'arrête quand la situation de blocage sera débloquée par un certain nœud intermédiaire qui fait partie du chemin en cours de découverte, sinon, il arrive jusqu'à la source. À la réception de ce paquet, la source va marquer le nœud voisin qui n'a pas abouti à un chemin disjoint comme étant un nœud non candidat.

Dans les deux premiers cas, le nœud C met à jour sa table de routage. Il enregistre dans sa table le nœud du prochain saut trouvé. De plus, dans le but de construire le chemin inverse, C enregistre aussi le nœud duquel il a reçu le paquet $ExploreMsg$. Si, pendant la phase de transmission de données, le nœud C (appartenant à un chemin actif) reçoit un paquet de données tel que le nœud du suivant saut n'existe pas dans sa table de routage alors il applique le routage hiérarchique TR (c-à-d le prochain saut est le nœud père de C). L'algorithme 3 décrit les traitements effectués au niveau du nœud intermédiaire.

Algorithm 3 Algorithme au niveau du nœud *intermdiaire* en appliquant les règles de priorité (Table 4.2)

Réception du paquet $ExploreMsg$
1: chercher un candidat V parmi les voisins de C
2: **if** candidat existe **then**
3:   **if** règle 1 ou 2 est appliquée **then**
4:     mettre à jour $Linf$ et envoyer le paquet $ReponseMsg$ à la source sur le chemin inverse
5:   **else if** règle 3 ou 4 ou 5 est appliquée **then**
6:     transmettre le paquet $ExploreMsg$ vers le prochain saut V.
7:   **end if**
8: **else**
9:   {aucun candidat n'existe}
10:   envoyer le paquet $ErrorMsg$ au nœud prédécesseur de C du chemin inverse
11: **end if**

Réception du paquet $ErrorMsg$
1: marquer le nœud voisin de C émetteur du paquet $ErrorMsg$ à C comme étant non candidat ($état = 2$) ;{nœud voisin qui était candidat devient non candidat (nœud bloqué)}
2: retransmettre le paquet $ExploreMsg$ si un autre nœud candidat V existe

Réception du paquet $ReponseMsg$
1: mettre $état = 1$ du nœud voisin V duquel le nœud C a reçu le paquet $ResponseMsg$
2: transmettre le paquet $ReponseMsg$ vers la source sur le chemin inverse.

Notons que le paquet $ReponseMsg$, indiquant qu'un chemin disjoint a été découvert de la source vers le $Sink$, n'est pas envoyé par le $Sink$ lui même, mais plutôt par l'un de ses voisins non hiérarchiques appartenant au chemin découvert ou bien envoyé par un nœud intermédiaire du chemin ayant un nœud voisin de type $\mathcal{VD}$ et dont la branche non encore utilisée par TR. Cette façon de faire réduit le temps de découverte de chemins disjoints entre la paire de nœuds source et $Sink$.

4.2 Le routage multi-chemin ZigBee

Exemple illustratif La figure 4.6 montre une topologie de RCSF avec les paramètres de la topologie cluster-tree $(L_m, C_m, R_m) = (3, 4, 4)$. Le $Sink$ est le PAN situé au centre. Le rayon de transmission (Tr) choisie dans cette topologie permet de couvrir au moins trois voisins et au plus huit voisins. Le nœud s est de profondeur 2, d'adresse 17 avec $\mathcal{E}_s = (1, 4, 0)$. Les voisins du nœud s sont : a de type $\mathcal{P}$, c et k de type $\mathcal{VD}$, b de type $\mathcal{S}$ et f de type $\mathcal{C}$. Comme le montre la figure, trois chemins à nœuds disjoints sont établis du nœud source s au nœud $Sink$ en appliquant les algorithmes 2 et 3. Le premier est le chemin classique basé sur les liens père-fils (sans découverte), il est le plus court des trois chemins $P1 = s \to a \to Sink$. Pour construire le second chemin, le nœud s prend le nœud c comme nœud du prochain saut. Puisque le nœud c est de type $\mathcal{VD}$ et que sa branche n'a pas été utilisée par TR, le deuxième chemin $P2 = s \to c \to e \to Sink$ est établi automatiquement sans déclencher le processus de découverte. Le nœud s prend le nœud k de profondeur $d_k = 2$ comme son prochain saut pour construire le troisième chemin. Ce cas nécessite une découverte de chemin. Le nœud intermédiaire k compare son $\mathcal{E}_k = (3, 2, 0)$ à celui du nœud c, $\mathcal{E}_c = (3, 4, 0)$ (celui qui a utilisé en premier la branche du nœud k). Il trouve que le premier nœud commun est de profondeur 1 (c'est le nœud e) et ne peut pas donc être pris comme le prochain saut. k cherche un autre voisin candidat dans sa table de voisins et prend le nœud y comme prochain saut. Le nœud y choisit le nœud z de type $\mathcal{VD}$ et dont sa branche n'a pas été utilisée par TR comme son prochain saut. Le nœud z applique alors le TR jusqu'au $Sink$. Le chemin obtenu est $P3 = s \to k \to y \to z \to t \to Sink$.

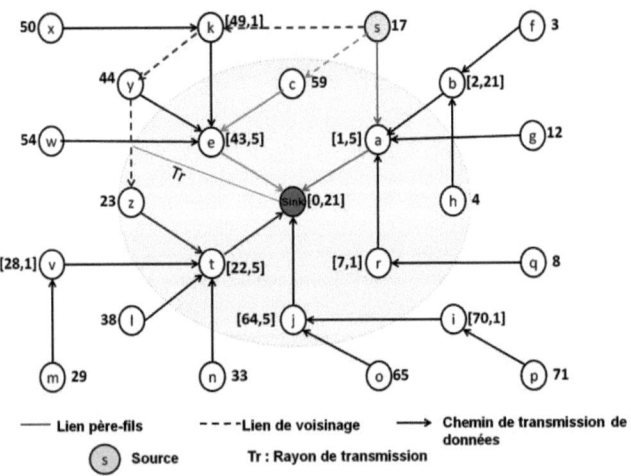

FIGURE 4.6 – Exemple de découverte de chemins à nœuds disjoints de la source s vers le $Sink$

Nombre de chemins découverts Le nombre de chemins nécessaires est basé sur les besoins de transmission du nœud source. Si le nombre de chemins nécessaires pour la transmission de données n'est pas encore atteint et que la source possède encore des nœuds voisins candidats,

4.2 Le routage multi-chemin ZigBee

alors elle peut déclencher le processus de découverte pour la recherche d'un autre nouveau chemin disjoint vers le $Sink$. Par contre, le processus de découverte peut être arrêté dès que le nombre maximum de chemins disjoints est atteint. En effet, le nombre de chemins à nœuds-disjoints est limité par trois facteurs présentés ci-dessous :

Pour chaque nœud source S avec M nœuds voisins candidats à un saut, nous avons au maximum M chemins à nœuds disjoints.

Le nombre maximum de chemins de routage à nœuds disjoints est limité par le nombre M' de nœuds voisins à un saut du $Sink$.

Pour chaque nœud source S donné, le nombre maximum de chemins à nœuds disjoints est affecté par l'algorithme du routage. Par exemple, il y'a des algorithmes qui s'intéressent à la recherche de chemins ayant un court délai de transmission de bout en bout, dans ce cas, le résultat de la recherche peut seulement donner un seul chemin qui satisfait cette contrainte de recherche [103]. Dans d'autres algorithmes, le nombre de chemins trouvés peut atteindre deux mais avec un délai de transmission de bout en bout relativement long [125].

Notre algorithme de routage multi-chemin Z-$MHTR$ essaie de trouver les différents chemins du nœud source S vers le $Sink$. Ces chemins doivent être à nœuds disjoints, c'est la seule contrainte de recherche qu'ils doivent satisfaire. Ce qui signifie, que le nombre de chemins $NumCh(S)$ qui peuvent être explorés par la source S peut être exprimé par l'équation :

$$NumCh(S) \leq Min(M, M') \qquad (4.4)$$

où la fonction $Min(M, M')$ retourne la valeur minimale entre M et M'. Le signe d'égalité dans l'équation exprime le cas idéal de la recherche, par contre, l'inégalité peut être expliquée par le fait qu'il ait eu des chemins qui n'ont pas pu aboutir jusqu'au $Sink$, à cause, par exemple, d'une situation de blocage.

Transmission de données

Puisque la recherche et l'établissement des chemins à nœuds disjoints peut être relativement longue, Z-$MHTR$ commence immédiatement la transmission des paquets de données sur le(s) chemin(s) hiérarchique(s) (s'ils existent, à l'exception du chemin père-fils de la source) établi(s) au préalable pendant la phase d'association au niveau MAC. Cela permet de réduire l'intervalle de temps entre la détection de l'évènement et la réception de paquets par le $Sink$. Par la suite, quand de nouveaux chemins seront découverts, la source redistribue le trafic sur les chemins à nœuds disjoints selon une certaine stratégie de distribution en tenant compte de ses besoins de transmission de données. Comme notre but est d'améliorer le débit dans le réseau, nous allons considérer les possibilités qui s'appliquent aux transmissions simultanées.

4.2 Le routage multi-chemin ZigBee

Deux stratégies de distribution des données sont possibles. La première distribue le trafic de façon égale sur les chemins existants et l'autre utilise une distribution non uniforme. La répartition uniforme du trafic (round robin) consiste à envoyer des paquets dans un mode round robin. En d'autres termes dans un certain laps de temps, le même nombre de paquets est envoyé à travers chaque chemin et le trafic est distribué de manière circulaire. Par contre, l'idée du mode de distribution du trafic non uniforme, également connu sous le nom de schéma de coût inégal, est de choisir une métrique puis de sélectionner les chemins selon cette métrique. Par conséquent, les meilleurs chemins sont plus utilisés que ceux qui offrent une mauvaise qualité du service.

Bien que la deuxième option est peut être meilleure en termes de résultats, elle ajoute de la complexité du fait que de bonnes métriques doivent être trouvées et qu'un mécanisme de distribution doit être implémenté. En conséquence, nous avons décidé d'utiliser le round robin (à tour de rôle), sans exclure la possibilité de considérer la deuxième approche dans nos futurs travaux.

Maintenance de chemins

L'objectif de la maintenance des chemins est de valider les chemins existants et de trouver des remplaçants adéquats lorsque l'un des chemins existants échoue. La maintenance est basée sur l'utilisation du mécanisme d'acquittement au niveau MAC. Un nœud qui ne reçoit pas un accusé de réception ACK pour un paquet de données qu'il a envoyé à son voisin, pour un certain nombre de tentatives, considère le lien vers ce voisin comme étant rompu et un message d'erreur *ErrorMsg* est envoyé à la source sur le chemin inverse. À la réception de ce message, la source désactive le chemin à partir duquel elle a reçu le paquet et redistribue le trafic sur les chemins restants. De plus, afin d'éviter la dégradation des performances du réseau, la source relance le processus de découverte d'un nouveau chemin si un nœud voisin candidat existe.

4.2.3 Évaluation analytique

Dans cette section, nous nous intéressons à évaluer analytiquement le protocole de routage multi-chemin proposé *Z-MHTR* pour les réseaux ZigBee en termes d'espace mémoire occupé, taille du message en nombre de bits et le nombre de messages nécessaire pour effectuer la découverte de chemins.
L'espace mémoire nécessaire pour le protocole *Z-MHTR* est très réduit. Pour faire fonctionner *Z-MHTR*, nous avons ajouté deux champs à la table de voisins d'un nœud N du réseau. À savoir :

Le champ *Num-branche*, indiquant le numéro de la branche à laquelle appartient le voisin de N, de taille $log_2(C_m)$ bits. Où C_m est le nombre de fils qu'un nœud routeur peut avoir dans la topologie cluster-tree et qui représente le nombre de sous-arbre dans un cluster-tree.

Le champ *état* de taille deux bits pour représenter les trois différents états que peut prendre un nœud pendant le processus de découverte.

De plus, la table de voisins d'un nœud N contient seulement ses voisins à un saut ce qui réduit encore la taille de la table de voisins. Cette réduction de l'usage de l'espace mémoire répond aux contraintes des nœuds capteurs.

Concernant la taille des messages utilisés pendant la phase de découverte de chemins, la taille du champ *Linf* dépend du nombre de branches utilisées par les différents chemins découverts et plus exactement par les étiquettes $\mathcal{E}$ de chaque nœud ayant utilisé sa branche pour la première fois. Puisque la valeur maximale de la profondeur du réseau telle que spécifiée dans la norme ZigBee est 7, c'est-à-dire $L_m \leq 7$, l'étiquette $\mathcal{E}$ peut contenir jusqu'à 7 valeurs entières. Selon la norme, un nœud routeur peut avoir un maximum de fils C_m égal à 16, 4 bits sont donc nécessaires pour représenter une valeur E_k ($1 \leq k \leq 7$). Par conséquent, il nécessite au plus 28 bits de stockage pour une seule étiquette $\mathcal{E}$. Si, au lieu des étiquettes $\mathcal{E}$, des adresses sont utilisées, alors il faudrait 6×16 bits pour stocker les adresses de 6 ancêtres qu'un nœud peut potentiellement avoir. Supposons qu'un nœud dispose de 6 voisins candidats lui permettant de découvrir 6 chemins à nœuds disjoints ($Min(6, 16)$), il lui faut au plus 168 bits (ou 21 Octets) pour stocker, dans le champ *Linf*, les étiquettes $\mathcal{E}$ de chaque nœud ayant utilisé sa branche pour la première fois au lieu de 576 bits (72 Octets) si des adresses ont été utilisées. Ce système d'étiquetage hiérarchique qui attribue des étiquettes aux différents nœuds du réseau permet de réduire la taille du paquet et la consommation d'énergie au moment de sa transmission.

Du fait que notre protocole de routage se base sur la transmission unicast des messages de découverte de chemins, la complexité de communication mesurée en nombre de messages nécessaires pour la découverte est réduite par rapport à la transmission en broadcast.

4.3 Simulation et résultats préliminaires

4.3.1 Environnement de simulation

Cette section se consacre à l'évaluation du protocole de routage multi-chemin *Z-MHTR* et à la comparaison de ses performances par rapport au routage hiérarchique *TR* de ZigBee. Notre objectif est de comprendre comment notre protocole fonctionne et quelles sont ses forces et ses limites afin d'être en mesure de définir des améliorations efficaces. Un simulateur, à savoir le logiciel NS2 (*Network Simulator 2*) [126][127], version NS-2.30, a été retenu et utilisé à cette fin. Il dispose d'un module implémenté la plupart des fonctionnalités des deux couches MAC/PHY du standard IEEE 802.15.4, il est par ailleurs gratuit et bénéficie d'une large utilisation dans le monde de la recherche en réseau (un pourcentage de 40% jusqu'au 70% des simulations dans le monde sont exécutées par le simulateur NS2 [128]). Toutes les composantes de notre protocole de routage multi-chemin (Figure 4.1) ont été entièrement développées avec le langage C++ et intégrées à la plateforme de simulation NS2.

4.3 Simulation et résultats préliminaires

4.3.2 Description du réseau et des scénarios

Nous considérons le réseau illustré par la figure suivante 4.7.

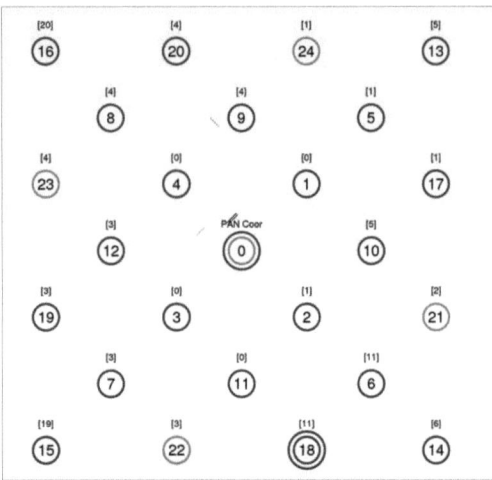

FIGURE 4.7 – Exemple de topologie de RCSF

Les paramètres de la topologie cluster-tree sont $(L_m, C_m, R_m) = (3, 4, 4)$. La zone de simulation est de $70 \times 70 m^2$ avec un coordinateur PAN (le $Sink$) situé au centre de la zone à surveiller et 24 nœuds répartis uniformément sur une surface de forme carrée. Tous les nœuds sont statiques et de type FFD. Le rayon de transmission (Tr) choisie dans cette topologie permet de couvrir au moins trois voisins et au plus huit voisins. La couche physique utilisée est celle qui opère dans la bande 2.4 GHz (250kbps). La couche MAC utilise le CSMA/CA non slotté comme méthode d'accès au canal et les acquittements de la couche liaison sont utilisés pour rendre la transmission des données plus fiable. Nous avons gardé dans nos simulations les valeurs par défaut des paramètres de la méthode CSMA/CA. La couche réseau utilise les protocoles de routage TR ou Z-$MHTR$. Le trafic généré par la source est de type $Poisson$ avec sept débits de données différents : 1, 2, 5, 10, 20, 50 et 100 pps (paquet par seconde). Chaque paquet de données est de charge utile égale à 80 octets. Le modèle de transfert de données utilisé est la transmission directe de données dans un réseau en mode non slotté. Lorsqu'un nœud souhaite transférer des données, il transmet simplement, à l'aide du mécanisme CSMA/CA, la trame de données au coordinateur. Ce dernier envoie une trame d'acquittement pour chaque paquet de données reçu avec succès.

Même si Z-$MHTR$ est capable de construire plus de trois chemins[2], nous avons limité nos simulations à seulement trois chemins $P1$, $P2$ et $P3$ que chaque nœud est en mesure

---

2. La valeur de Tr que nous avons fixé, permet à certains nœuds du réseau d'avoir plus de trois voisins, ça peut aller jusqu'à huit voisins.

4.3 Simulation et résultats préliminaires

de construire [3]. La source utilise soit trois chemins ou deux chemins simultanément pour la transmission de ses données. Dans ce qui suit, on désigne par $P1$ le premier chemin construit basé sur les relations père-fils. Le second et le troisième chemins créés à l'aide des relations de voisinage sont respectivement $P2$ et $P3$. Il est à noter que $P2$ est plus susceptible d'être plus court en termes de nombre de sauts que $P3$. Nous avons considéré les différentes combinaisons possibles de chemins représentant les cas où les deux chemins peuvent être les plus courts, les moins ou les plus espacés possible, à savoir : $P1$ avec $P2$, $P1$ avec $P3$, $P2$ avec $P3$ et enfin les trois chemins pris en même temps $P1$, $P2$ et $P3$.

Douze exécutions ont été réalisées où à chaque fois une nouvelle source est choisie aléatoirement. Une simulation est effectuée pour chacun des sept débits de données. Les tableaux 4.3 et 4.4 résument les valeurs des paramètres de simulation utilisés. La moyenne des résultats obtenus par tous les scénarios de simulation est calculée pour produire les métriques de performance décrites ci-dessous.

TABLE 4.3 – Paramètres de simulation

Paramètre	Valeur
Nombre de nœuds	25
Rayon de transmission (m)	11
Nombre de FFD	24
Nombre d'exécutions de simulation	(12*7) un total de 84
Nombre de source	1
Nombre de $Sink$	1 (Coordinateur PAN)
Position du $Sink$	Centre de la zone de surveillance
Mobilité des nœuds	Aucune
Paramètres de ZigBee (Lm, Cm, Rm)	(3,4,4)
Énergie initiale des nouds capteurs (j)	2
Énergie de transmission (mW)	42
Énergie de réception (mW)	59.1
Protocole de routage	TR et $Z\text{-}MHTR$
Protocole MAC	IEEE 802.15.4(mode non-beacon avec le mécanisme CSMA/CA non slotté)
modèle de propagation	Two Ray Ground Model
taille de la file	50
Modèle de transfert de données	transmission de données directe
modèle de trafic	Trafic poisson
taille du paquet (bytes)	80
Surface de simulation (m*m)	70*70
charge du trafic (pps)	100, 50, 20, 10, 5, 2, 1
charge du trafic (kbps)	62.5, 31.25, 12.5, 6.25, 3.125, 1.25, 0.625
Durée de la simulation (sec)	100

---

[3]. Le minimum de voisins qu'un nœud peut avoir est trois lui permettant de construire trois chemins.

4.3 Simulation et résultats préliminaires

TABLE 4.4 – Paramètres de CSMA/CA

Paramètre	Valeur
aMaxBE	5
macMinBE	3
aMaxFrameRetries	3
macMaxCSMABackoffs	4

4.3.3 Métriques de performance

Dans ce qui suit, nous allons comparer notre protocole de routage multi-chemin *Z-MHTR* au protocole mono-chemin TR. Nous avons pris en considération quatre critères d'évaluation :

Débit : il s'agit d'une mesure de la quantité de données transmises à partir de la source vers la destination dans une période unitaire de temps (seconde). Le débit est calculé par la formule suivante :

$$Débit = \frac{Nombre\ total\ de\ bits\ de\ données\ reçus}{Temps\ de\ simulation}$$

Pourcentage de livraison de paquets : cette métrique indique le pourcentage de paquets de données transmis qui ont été reçus avec succès. Elle se calcule comme suit :

$$Pourcentage\ de\ livraison\ de\ paquets = \frac{Nombre\ de\ paquets\ reçus}{Nombre\ de\ paquets\ transmis} * 100$$

Délai moyen de transmission de bout en bout : cette métrique représente le délai moyen entre le moment d'envoi d'un paquet de données et le moment de sa réception. Elle est calculée par la formule suivante :

$$Délai\ du\ paquet\ de\ bout\ en\ bout = temps\ de\ réception\ - temps\ de\ transmission$$

$$Délai\ moyen = \frac{somme\ de\ tous\ les\ délais\ de\ paquets\ de\ bout\ en\ bout}{Nombre\ total\ de\ paquets\ reçus}$$

Durée de vie : la durée de vie du réseau est définie comme étant la différence entre le temps de début du fonctionnement du réseau et le temps de la mort du premier nœud. Elle est directement liée à la quantité d'énergie consommée par le réseau. Si un réseau a une longue durée de vie cela indique que les nœuds ont consommé moins d'énergie.

Pour interpréter les valeurs observées des métriques ci-dessus, nous avons aussi été intéressés par le nombre de paquets de données rejetés à cause des (i) collisions au niveau du *Sink*, (ii) collisions au niveau des nœuds appartenant au même chemin (collisions intra-chemin) et (iii) interférences intra et inter chemins. Nous allons remarquer par la suite, dans les résultats

4.3 Simulation et résultats préliminaires

de la simulation, que de tels phénomènes de collisions et d'interférences influencent négativement les performances du réseau.

Soient $P1$ et $P2$ deux chemins à nœuds disjoints et A, B, C, D, E, F et G six nœuds où A, B, C et E appartiennent au chemin $P1$ et F et G appartiennent au chemin $P2$ et D représente la destination $Sink$. Les différents cas de collisions et d'interférences que nous considérons, au moment de la transmission des données, sont illustrés dans la figure 4.8.

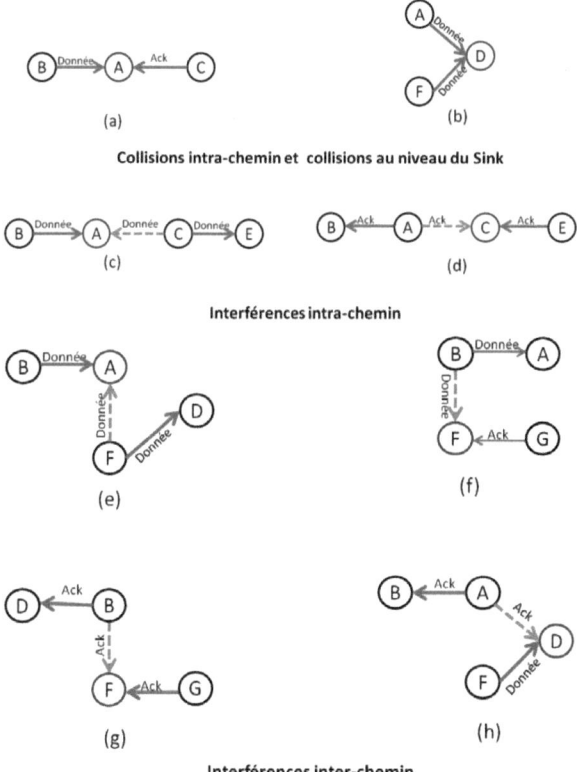

FIGURE 4.8 – Différents cas de collisions et d'interférences

Les cas (a) et (b) représentent les collisions intra-chemin et les collisions au niveau du $Sink$, respectivement. Ces collisions sont dues au problème du nœud caché. Par contre, les cas (c) et (d) montrent les interférences intra-chemin et les derniers quatre cas (e, f, g, h) représentent les interférences inter-chemin. Le cas (h) peut aussi être considéré parmi les cas d'interférences intra-chemin. Notons que les collisions de type inter-chemin ne sont pas men-

4.3 Simulation et résultats préliminaires

tionnées parmi les différents cas de la figure 4.8. En effet, du fait que les chemins sont à nœuds disjoints, cela signifie que chaque nœud du chemin $P1$, par exemple, reçoit uniquement des paquets provenant soit de son prédécesseur ou de son successeur mais jamais à partir d'un nœud appartenant au chemin $P2$, par exemple.

4.3.4 Interprétation des résultats

Pourcentage de Livraison de Paquets PLP

La figure 4.9 représente le pourcentage de livraison de paquets PLP obtenu par les deux techniques de routage, mono-chemin et multi-chemin (2 ou 3 chemins) en fonction de la charge du trafic injecté dans le réseau. Nous observons que le pourcentage de livraison de paquets des deux techniques de routage diminue quand la charge du trafic augmente, particulièrement pour le routage multi-chemin. Dans le cas du routage hiérarchique TR où les données sont uniquement acheminées sur le plus court chemin père-fils, TR fournit plus de 98% de paquets quand la charge du trafic est dans l'intervalle de 1 à 50pps. Cependant, une fois que la charge du trafic atteint 100pps, seulement 74% de paquets sont livrés. Le PLP du routage multi-chemin est plus de 82% quand la charge du trafic est dans l'intervalle de 1 à 50pps mais il diminue quand la charge du réseau dépasse 50pps.

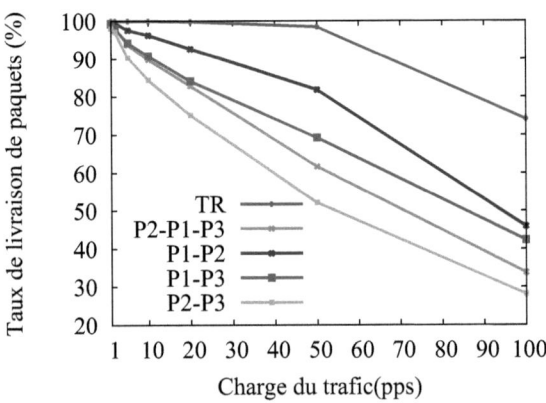

FIGURE 4.9 – Pourcentage de livraison de paquets PLP

Afin d'interpréter les observations précédentes, nous pouvons nous référer aux figures 4.10, 4.11 et 4.12.

4.3 Simulation et résultats préliminaires

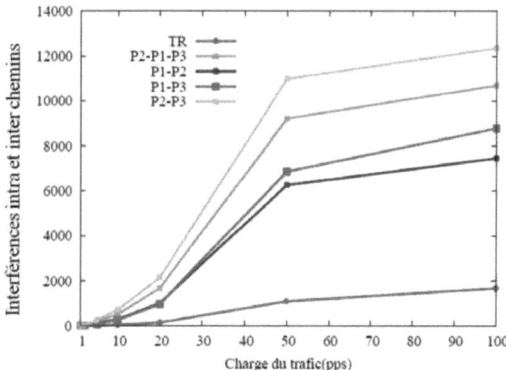

FIGURE 4.10 – Interférences inter et intra chemins

Nous constatons que dans le cas du routage hiérarchique TR les collisions au niveau du $Sink$ et les interférences inter-chemins n'existent pas (voir figures 4.10 et 4.12), ce qui explique le bon PLP observé dans ce cas. Par contre, dans le cas du multi-chemin, les résultats obtenus peuvent être expliqués par le fait que le protocole de routage multi-chemin exploite deux ou trois chemins simultanément et donc la perte de paquets due aux interférences (Figure 4.10) est plus importante, en particulier lorsque la charge du trafic augmente. Aussi, à partir des figures 4.11 et 4.12 nous pouvons voir que les collisions au niveau du $Sink$ (coordinateur PAN) sont beaucoup plus fréquentes que les collisions intra-chemin. En effet, tout le trafic généré par la source est réparti et envoyé simultanément sur multiples chemins vers le $Sink$ qui représente le goulot d'étranglement du trafic de la topologie cluster-tree. La Figure montre aussi que parmi les quatre courbes du multi-chemin, celle de $P1$-$P2$ présente les meilleures performances en fonction de la variation de la charge du trafic. Cette constatation est confirmée par les résultats obtenus dans les figures 4.10 et 4.12, qui montrent que le cas $P1$-$P2$ a le plus petit nombre de paquets rejetés à cause des interférences et des collisions au niveau du $Sink$, d'où un faible taux de perte de paquets enregistré.

Délai moyen de transmission de bout en bout

La figure 4.13 illustre les délais moyens de bout en bout des paquets en fonction de la charge du trafic dans le réseau. Comme on peut le voir sur cette figure, le délai moyen de bout en bout croit pour les deux techniques de routage lorsque la charge du trafic augmente. Ceci est dû à deux principales raisons, la première est que sur des réseaux trop chargés, le problème du nœud caché et des interférences intra-chemin et inter-chemin commencent à faire dégrader gravement les performances du réseau. Des collisions de paquets et des interférences assez fréquentes augmenteront l'utilisation du canal en retransmettant le paquet, ce qui augmente le délai de transmission de ce paquet (délai de

4.3 Simulation et résultats préliminaires

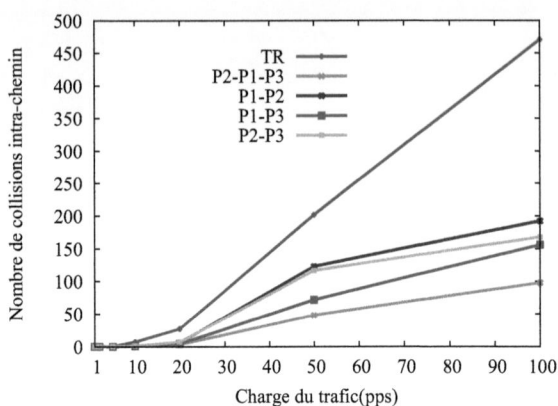

FIGURE 4.11 – Collisions intra-chemin

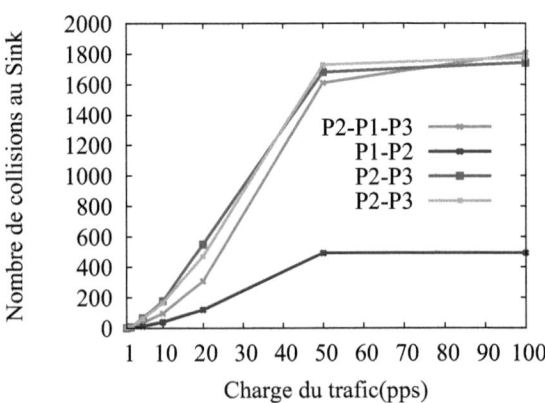

FIGURE 4.12 – Collisions au niveau du *Sink*

4.3 Simulation et résultats préliminaires

bout en bout). La deuxième raison, est que le délai d'attente des paquets de données dans la file augmente avec la charge de trafic conduisant à l'augmentation du délai moyen de bout en bout. Le cas du multi-chemin $P2$-$P3$ présente la plus mauvaise performance causée principalement par le nombre élevé de retransmissions des paquets rejetés par les collisions ou les interférences (Figures 4.10 et 4.12).

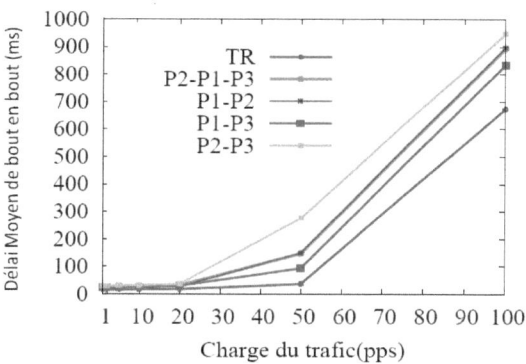

FIGURE 4.13 – Délai moyen de bout en bout

Durée de vie

La figure 4.14 montre l'effet de la charge du réseau sur la durée de vie du réseau. Pour les deux techniques de routage mono-chemin et multi-chemin, la durée de vie diminue avec l'augmentation de la charge de trafic dans le réseau. En effet, l'énergie du nœud est gaspillée à cause des augmentations de débit (Figure 4.15), des collisions et des interférences (Figures 4.10, 4.11 et 4.12) qui se produisent au niveau MAC. La nécessité de retransmettre un paquet qui a été corrompu par une collision ou une interférence augmente la consommation d'énergie. Par exemple, la figure 4.15 montre que le débit des deux chemins $P2$-$P3$ est le plus faible quand la charge du trafic est supérieure à $50pps$ ($\simeq 32kbps$) ce qui laisse croire que l'énergie du nœud est conservée mais d'un autre côté, les figures 4.10, 4.12 montrent que c'est le cas ayant le plus grand nombre de collisions et d'interférences qui font augmenter la consommation d'énergie. Nous remarquons, pour le routage mono-chemin, qu'il y' a une légère baisse de la durée de vie quand la charge dépasse $50pps$. Cela est dû au débit le plus élevé du routage TR (voir Figure 4.15).

4.3 Simulation et résultats préliminaires

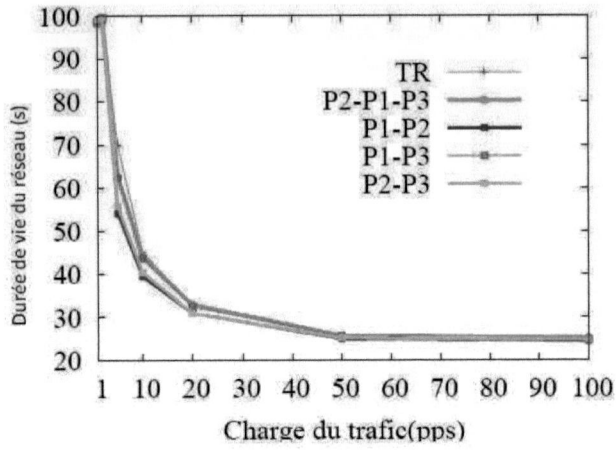

FIGURE 4.14 – Durée de vie du réseau

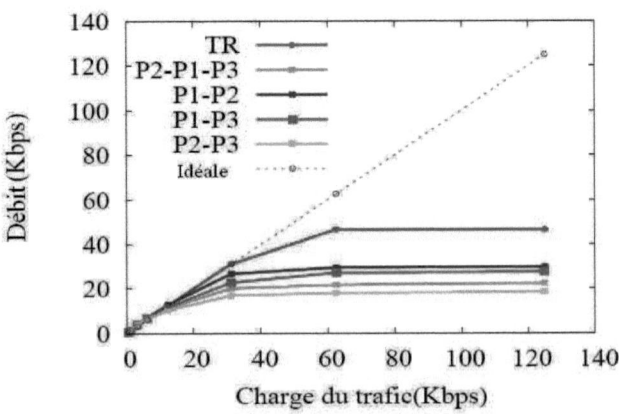

FIGURE 4.15 – Débit de données

4.4 Conclusion

Dans ce chapitre, nous avons présenté un protocole de routage multi-chemin à nœuds disjoints pour répondre au mieux aux exigences des applications haut débit caractérisées par des données volumineuses. Nous avons étudié le comportement du protocole via des simulations et évalué les performances du réseau en termes de débit, délai de bout en bout, taux de livraison de données et la durée de vie du réseau. Nous avons également identifié quelques limites en observant les premiers résultats de simulation obtenus et en analysant plus en détail le comportement du protocole en présence d'un trafic intensif dans le réseau.

Les résultats ont montré que, de façon générale, quand la charge du réseau est faible ou moyenne, les deux techniques de routage se comportent de la même manière, aucune différence significative en termes de débit n'a été observée. Par contre, quand le réseau devient trop chargé, la performance du routage multi-chemin et mono-chemin se dégrade. La principale cause de cette dégradation est le nombre important d'interférences et de collisions dues au problème du nœud caché, ce qui a conduit à une baisse du débit et une augmentation du délai de transmission des données dans les réseaux ZigBee. Aussi, les résultats indiquent clairement que l'augmentation de la bande passante fournie par la solution multi-chemin n'est pas directement proportionnelle au nombre de chemins utilisés, l'utilisation de trois chemins simultanément n'améliore pas les performances du réseau, deux chemins seulement peuvent répondre aux besoins en termes de bande passante exigée par l'application.

Il convient donc de renforcer ce protocole pour répondre aux problèmes suivants :

- Les résultats de simulation montrent bien que le routage multi-chemin *Z-MHTR* ne bénéficie pas de la transmission simultanée de données sur multiples chemins. En effet, il ne suffit pas que les chemins soient à nœuds disjoints mais il faut aussi qu'ils soient suffisamment à radio disjoints afin d'atténuer les effets négatifs des interférences interchemin. Nous envisageons donc introduire une nouvelle métrique de QdS permettant d'assurer un minimum de corrélation entre les chemins de routage de données.

- Jusqu'à présent nos travaux se sont concentrés au niveau de la couche réseau où nous avons utilisé multiples chemins simultanément pour la transmission de données dans le but d'augmenter le débit reçu par le *Sink*. Malheureusement, cet objectif n'a pas été atteint à cause du problème du nœud caché non défini et traité par la spécification IEEE 802.15.4. Ce problème devient plus particulièrement grave et ennuyeux au niveau du *Sink*. En effet, les résultats obtenus montrent que le nombre de collisions dues au nœud caché au niveau du *Sink* est beaucoup plus important que celui des intra-collisions. Cependant, il nous paraît nécessaire d'améliorer et d'adapter les fonctionnalités de la couche MAC pour minimiser les collisions dues au problème du nœud caché au niveau du voisinage du *Sink*. Cela nécessite d'étudier en détail le fonctionnement de la couche MAC du standard IEEE 802.15.4 et de proposer un mécanisme d'évitement de collisions de ce type.

Ces différentes améliorations sont présentées dans le chapitre suivant.

Chapitre 5
Amélioration de *Z-MHTR*

5.1 Introduction

L'étude préliminaire sur le protocole de routage multi-chemin *Z-MHTR* que nous avons présenté dans le chapitre précédent, nous a permis de confirmer les faits suivants : d'une part, la transmission de données simultanément sur différents chemins ne mène pas nécessairement à l'amélioration des performances du réseau à cause des effets d'interférences inter-chemin qu'il faut en tenir compte. D'autre part, les collisions dues principalement au phénomène du nœud caché, notamment au niveau du *Sink*, dégradent considérablement les performances du réseau.

Dans ce chapitre, nous allons présenter les améliorations apportées à notre protocole de routage *Z-MHTR*. Ces améliorations permettent d'améliorer les performances des réseaux ZigBee et les rendent plus susceptibles de supporter des applications haut débit et multimédia. En premier, pour tenir compte des effets des interférences, nous allons, dans la Section 5.2, définir une nouvelle métrique permettant le calcul du niveau d'interférence de chaque chemin pendant la phase de découverte. Nous passons ensuite, dans la Section 5.3, à la description du mécanisme HNCM (*Hidden Node Collision Mechanism*) que nous avons proposé pour résoudre le problème du nœud caché au niveau du voisinage du *Sink*. Nous terminons ce chapitre par la partie pratique où nous présentons les résultats obtenus à travers diverses simulations sur le transport de données de type scalaire et vidéo dans un RCSF ZigBee et une analyse des performances de notre protocole amélioré va être élaborée.

5.2 Le niveau d'interférence

Comme indiqué dans le chapitre précédent, la qualité des transmissions peut être dégradée à cause des interférences, même si les chemins sont physiquement séparés (à nœuds disjoints). Si le nombre de chemins est faible (par exemple, 2 ou 3), les chemins non interférents peuvent être établis. Cependant, si un grand nombre de chemins sont nécessaires pour une application spécifique, l'existence de chemins non interférents ne peut être garantie en raison de l'espace limité à proximité de la source/*Sink*. Dans de tels cas, la meilleure approche consiste à éloigner spatialement ces chemins le plus possible. Néanmoins, une telle stratégie peut générer des chemins trop longs ce qui peut augmenter le délai de transmission de bout en bout ainsi que le nombre d'interférences entre les nœuds d'un même chemin en cas d'un réseau trop chargé.

5.2 Le niveau d'interférence

Le choix de chemins non interférents est le principal critère à aborder lors de l'utilisation de multiples chemins simultanément.

Comme nous l'avons présenté dans la section 3.3.3, il existe différentes approches reposant soit sur l'utilisation d'un matériel spécifique ou se basant sur le calcul d'un graphe de conflit du réseau pour faire face au problème des interférences inter-chemin. Dans notre étude, l'approche que nous allons proposer utilise la nature diffusion (*broadcast*) du support sans fil pour estimer les interférences inter-chemin et établir des chemins à interférences minimisées. En effet, lorsque les nœuds capteurs communiquent en utilisant le protocole d'écoute de la porteuse, il existe des raisons de gaspillage d'énergie : les collisions, l'écoute passive (*overhearing*), les paquets de contrôle et l'écoute non-active (*idle listening*). L'écoute passive est inévitable dans certains protocoles d'accès au médium et elle est toujours considérée comme une source de gaspillage d'énergie. Cependant, nous allons voir dans cette section que l'écoute passive peut être une bonne méthode pour calculer le niveau d'interférence de chaque chemin sans avoir besoin de définir de nouveaux messages de contrôle et d'établir les différents échanges de messages entre les nœuds pour effectuer un tel calcul. En effet, si un message est transmis en unicast du nœud u vers un nœud v, il risque d'être entendu par les voisins du nœud émetteur u, par exemple, le nœud w voisin de u (Figure 5.1).

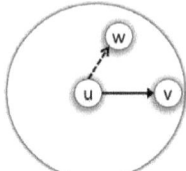

FIGURE 5.1 – Transmission sans fil avec écoute passive

L'idée principale de *Z-MHTR* est de profiter de cette écoute passive comme une approche efficace pour calculer les interférences inter-chemin. Pour cela, nous introduisons une nouvelle métrique, appelée *Niveau d'Interférence*. Pour un chemin P, son niveau d'interférence calculé selon cette métrique est noté $NI(P)$. Elle permet de sélectionner plusieurs chemins en réduisant l'effet des interférences entre les nœuds des chemins dans la mesure du possible. La découverte de chemins complètement à radio disjoints (pas de nœuds dans la zone d'interférences les uns des autres) n'est pas toujours réalisable dans les réseaux sans fil réels. Toutefois, la sélection de chemins à nœuds disjoints avec un minimum d'interférences radio permet d'éviter la dégradation des performances du réseau sans fil et d'atteindre, plus ou moins, les objectifs d'équilibrage de charge ou de l'agrégation de la bande passante. De plus, le critère de sélection de chemins a été étendu en considérant la longueur des chemins combinée au niveau d'interférence des chemins. En ce qui concerne le nombre de chemins à sélectionner, les résultats de simulations obtenus précédemment ont montré qu'il est préférable d'utiliser uniquement deux chemins simultanément au lieu de trois chemins, cette constatation a été aussi prouvé dans [129] [130]. Pour cette raison, nous avons limité nos simulations, dans cette version améliorée du protocole *Z-MHTR* à l'utilisation de deux chemins seulement.

5.2 Le niveau d'interférence

5.2.1 Calcul du niveau d'interférence d'un chemin

Le calcul du niveau d'interférence de chaque chemin est effectué pendant le processus de découverte de chemins à nœuds disjoints déjà expliqué dans le chapitre 4. La méthode que nous avons utilisé pour mesurer la valeur de ce niveau est basée sur l'écoute passive du canal (*overhearing*). Trois solutions peuvent être envisagées pour calculer le niveau d'interférence de chaque nœud du chemin dans le réseau :

Diffusion périodique de messages de contrôle : chaque nœud du réseau doit diffuser périodiquement des messages de diffusion (*broadcast*) à un saut avant même le début du processus de découverte de chemin. À partir de ces messages, chaque nœud peut facilement identifier l'ensemble de nœuds qui interfèrent avec lui. Cette méthode surcharge beaucoup plus le réseau et aussi des diffusions de messages périodiques ne sont pas prévues dans les protocoles de routage réactifs. Cependant, cette solution est convenable et peut être facilement adaptée à un protocole de routage proactif puisque chaque nœud dans le protocole proactif diffuse périodiquement des messages de contrôle même en l'absence de transmission de données. Cette solution qui permet la mesure du niveau d'interférence d'un chemin P nécessite l'utilisation de messages de contrôle supplémentaires si un protocole de routage réactif est utilisé. Dans certains travaux de recherches, cette phase de calcul des interférences qui précède la phase de découverte de chemins est appelée phase d'initialisation [100].

Utilisation des messages de découverte en diffusion (broadcast) : les messages de découverte de chemins sont diffusés dans tous le réseau pour calculer l'ensemble des nœuds qui interfèrent avec chaque nœud du réseau. Malgré que dans cette solution les mêmes messages de découverte de chemins sont aussi utilisés pour calculer le niveau d'interférence de chaque nœud du réseau, sauf qu'elle présente certains inconvénients tels que la diffusion des messages dans tout le réseau qui peut être considérée comme un handicap dans un RCSF à ressources limitées. De plus, les messages diffusés sont confrontés au risque de perte de paquets pendant la propagation et qui ne peuvent pas être récupérés puisque le mécanisme d'acquittement ne peut pas être appliqué sur les messages de diffusion.

Utilisation des messages de découverte en unicast : l'autre façon d'utiliser les messages de découverte de chemins est d'envoyer en unicast ce message vers le nœud destination ($Sink$). Comme nous l'avons indiqué auparavant, chaque nœud ne peut calculer la liste des nœuds qui interfèrent avec lui que s'il reçoit tous les messages de découverte de ses voisins sans aucune perte et correctement : la puissance du signal reçu doit être supérieure ou égale à la sensibilité du récepteur. Par exemple, le nœud 2 dans la figure 5.2 peut connaitre les nœuds voisins appartenant aux autres chemins qui interfèrent avec lui, à savoir les nœuds 10, 12 et 13. Lors de l'écoute passive des messages de découverte envoyés par ces nœuds, si un message est perdu alors la liste sera incomplète. Pour renforcer donc le processus de calcul du niveau d'interférence, le mécanisme d'acquittement avec ACK peut être utilisé.

5.2 Le niveau d'interférence

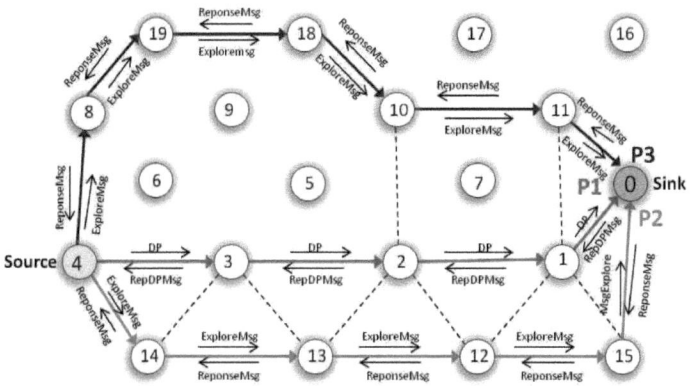

FIGURE 5.2 – Calcul du niveau d'interférence des chemins

Dans ce qui suit, nous allons détailler le calcul du niveau d'interférence de chaque chemin en se basant sur la troisième solution qui présente l'avantage d'utiliser les mêmes messages de découverte de chemins (pas de surcharge supplémentaire) pour calculer la valeur de la métrique $NI(P)$ en mode unicast. Comme nous l'avons évoqué dans le chapitre précédent, lorsque la source détecte un évènement, elle utilise en premier le(s) chemin(s) de routage hiérarchique (s) déjà établi(s) pour envoyer les paquets de données DP vers le $Sink$. Ensuite elle déclenche le processus de découverte de chemins en envoyant les paquets $ExploreMsg$ vers le $Sink$. Ces paquets de données qui circulent dans le réseau peuvent aussi être utilisés pour le calcul de $NI(P)$.

Pour améliorer les performances de notre protocole Z-MHTR, il est nécessaire d'effectuer quelques modifications au niveau de ses structures de données et sur son fonctionnement, en particulier au niveau de la phase de découverte de chemins. Elles se résument comme suit :

- Un nouveau champ, appelé NI (pour Nœud Interférent), est ajouté dans la table des voisins de chaque nœud du réseau. Initialement nul, il passe à 1 pour un voisin dès qu'il est à l'origine d'un paquet de type DP ou ExploreMsg que l'on entend *passivement*.

- Chaque chemin réactif ou proactif est identifié par son numéro de chemin attribué par la source. Pour le message $ExploreMsg$ utilisé pour la découverte du chemin réactif, nous avons ajouté un nouveau champ, appelé ID, indiquant le numéro de ce chemin. Quant aux chemins proactifs qui ne nécessitent pas de découverte, ils sont seulement identifiés par le numéro de la branche à laquelle appartient le voisin de la source de type $\mathcal{P}$ ou $\mathcal{VD}$.

- Nous avons introduit un nouveau paquet, appelé $RepDPMsg$ envoyé par le $Sink$ vers la source suite à la réception d'un paquet de donnée (DP) via un chemin proactif afin de calculer son niveau d'interférence. Le $Sink$ sauvegarde l'identité du nœud duquel il

5.2 Le niveau d'interférence

a reçu le paquet DP et le numéro de la branche à laquelle il appartient, ce numéro représente l'ID du chemin proactif.

- Tous les messages de découverte de chemins doivent atteindre le $Sink$ qui devient le seul nœud pouvant répondre à la source en générant le message de réponse $ReponseMsg$, après avoir sauvegarder le ID du chemin découvert et le nœud duquel il a reçu le $ExploreMsg$.

- Au niveau des messages $ReponseMsg$ et $RepDPMsg$, nous avons ajouté un nouveau champ TNI qui permet de calculer le nombre total des nœuds qui interfèrent avec les nœuds d'un chemin P. Lors de l'envoi de ces messages par le $Sink$, ce champ est nul et il est incrémenté par le nombre des nœuds qui interfèrent avec chacun des nœuds sur le chemin inverse traversé.

- Après une période de temps donnée, permettant au $Sink$ de reçevoir tous les messages de découverte qui ont été envoyés par la source, il commence à répondre à la source par l'envoie des paquets de réponse sur les chemins inverses établis pendant la phase de découverte de chemins.

Pour calculer le niveau d'interférence d'un chemin P, nous utilisons, dans la suite, les notations suivantes :

- $Long(P)$ est le nombre de sauts (liens) dans le chemin P.
- $Nb(P)$ retourne le nombre de nœuds intermédiaires du chemin P : $Nb(P) = Long(P) - 1$.
- $LNI(i)$ représente la liste des nœuds appartenant aux autres chemins utilisés qui interfèrent avec le nœud i.
- $TNI(P)$ représente le total des nœuds qui interfèrent avec le chemin P.
- $NI(P)$ retourne le niveau d'interférence du chemin P par rapport aux autres chemins.

L'algorithme 4 est exécuté quand un nœud w écoute passivement la transmission unicast du paquet $ExploreMsg$ ou DP du nœud émetteur u vers le nœud récepteur v. Dans cette situation, le nœud w n'est pas le destinataire prévu du paquet $ExploreMsg$ ou DP, mais il l'a juste entendu.

Algorithm 4 EcoutePassive (suite à l'écoute passive d'un DP ou $ExploreMsg$ par un nœud w)

Input : paquet DP ou $ExploreMsg$.
Output : mise à jour de la table des voisins du nœud w.
1: **if** l'émetteur u est un voisin de w **then**
2:    **if** le champ NI associé au voisin u est nul **then**
3:       mettre ce champ NI à 1
4:    **end if**
5: **end if**

Cet algorithme permet de mesurer le taux d'écoute passive qu'un nœud w peut enregistrer à partir des différentes transmissions des paquets $ExploreMsg$ ou DP effectuées dans son voisinage. Ce taux d'écoute est représenté par la taille de la liste contenant tous les voisins

5.2 Le niveau d'interférence

de w, appartenant aux autres chemins concurrents, qui interfèrent avec le nœud w. La même fonction qui a été définie au niveau physique permettant la construction de la liste des voisins de chaque nœud du réseau est utilisée pour calculer également l'ensemble des nœuds qui interfèrent avec lui.

Quand le *Sink* reçoit les paquets *ExploreMsg* ou *DP*, il répond à la source en envoyant des paquets *ReponseMsg* ou *RepDPMsg* respectivement, sur les chemins inverses. Quand un nœud intermédiaire u du chemin inverse P reçoit le paquet *ReponseMsg* ou *RepDPMsg*, il exécute l'algorithme 5. Pour les autres nœuds du voisinage qui écoutent passivement le paquet *ReponseMsg* ou *RepDPMsg* et qui ne participent pas au routage mettent à 0 leur champ NI pour d'éventuelles découvertes de chemins.

Algorithm 5 Calcul_TNI (P) à la réception d'un *ReponseMsg* ou *RepDPMsg* par un nœud $u \in P$

Input : paquet *ReponseMsg* ou *RepDPMsg*.
Output : mise à jour du champ TNI.
1: **for each** voisin v de u **do**
2:    **if** le champ NI de v est égal à 1 **then**
3:       incrémenter le champ TNI du paquet *ReponseMsg* ou *RepDPMsg*
4:    **end if**
5: **end for**

Les détails sur les trois chemins $P1$, $P2$ et $P3$ à nœuds disjoints découverts entre le nœud source 4 et le nœud *Sink* 0 à travers lesquels les messages *ExploreMsg* ou *DP* ont atteint le *Sink* et les messages *ReponseMsg* ou *RepDPMsg* ont atteint la source pour la topologie de la figure 5.2 sont illustrés dans la table 5.1.

- Chemin $P1$: nœud 3, nœud 2 et le nœud 1
- Chemin $P2$: nœud 14, nœud 13, nœud 12 et le nœud 15.
- Chemin $P3$: nœud 8, nœud 19, nœud 18, nœud 10 et le nœud 11.

La liste $LNI(i)$ des nœuds interférents avec le nœud i se calcule à partir des valeurs du champ NI de chaque voisin du nœud i. Ce sont les nœuds voisins qui ont la valeur 1 dans leur champ NI. Le total $TNI(P)$ des nœuds qui interfèrent avec les $Nb(P)$ nœuds intermédiaires du chemin P est calculé comme suit :

$$TNI(p) = \sum_{i=1}^{Nb(P)} Taille(LNI(i)) \qquad (5.1)$$

Quand la source reçoit le paquet réponse provenant du chemin P, elle calcule le niveau d'interférence $NI(P)$ de ce chemin en fonction du total des nœuds qui interfèrent avec ce chemin et du nombre de nœuds intermédiaires de ce chemin (équation 5.2). Le meilleur chemin c'est celui ayant la faible valeur de niveau d'interférence. Le tableau 5.1 montre que le chemin $P3$ est le meilleur chemin, suivi du chemin $P2$ et en dernier le chemin $P1$ qui se trouve entre

5.2 Le niveau d'interférence

TABLE 5.1 – Calcul des $TNI(P)$ et $NI(P)$ relatifs à l'exemple de la figure 5.2.

Chemin	nœud i	LNI(i)	Taille de LNI(i)
$P1$	nœud 3	{14, 13}	2
	nœud 2	{10, 12, 13}	3
	nœud 1	{12, 11, 15}	3
TNI($P1$)	**8**		
NI($P1$)	**2.66**		
$P2$	nœud 14	{3}	1
	nœud 13	{2, 3}	2
	nœud 12	{1, 2}	2
	nœud 15	{1}	1
TNI($P2$)	**6**		
NI($P2$)	**1.5**		
$P3$	nœud 8	{}	0
	nœud 19	{}	0
	nœud 18	{}	0
	nœud 10	{2}	1
	nœud 11	{1}	1
TNI($P3$)	**2**		
NI($P3$)	**0.4**		

les deux autres chemins $P3$ et $P2$.

$$NI(P) = \frac{TNI(P)}{Nb(P)} \qquad (5.2)$$

Selon la valeur de $NI(P)$, nous pouvons distinguer trois niveaux d'interférence entre les chemins à nœuds disjoints. Le premier cas est celui où l'interférence entre tous les nœuds intermédiaires de chaque chemin actif est considérée comme nulle, il s'agit de chemins complètement à radio disjoints. Si certains nœuds intermédiaires de chacun des chemins sélectionnés interfèrent entre eux alors que le reste ne le sont pas, nous dirons que les chemins sont partiellement à radio disjoints. Par contre, si tous les nœuds intermédiaires de chaque chemin sélectionné interfèrent les uns avec les autres, alors les chemins sont considérés comme non à radio disjoints malgré qu'ils sont à nœuds disjoints. La figure 5.2, montre que les chemins $P2$ et $P3$ sont des chemins complètement à radio disjoints (espacés entre eux par plus de deux sauts), les chemins $P1$ et $P3$ sont partiellement à radio disjoints et les chemins $P1$ et $P2$ ne sont pas à radio disjoints.

Une fois que la source ait calculé le niveau d'interférence $NI(P)$ de chaque chemin, elle va trier ces valeurs en ordre croissant et choisir la meilleure paire de chemins à utiliser pour transmettre ses données. Si par contre, le critère de sélection est selon la longueur du chemin, la source va trier les longueurs des chemins en ordre croissant et choisir les deux plus courts chemins. Après cette sélection, elle envoie au $Sink$ un paquet contenant les numéros de chemins sélectionnés qu'il va sauvegarder à son niveau, cette information sera utilisée par le mécanisme de résolution du problème du nœud caché qui sera détaillé dans la section suivante. Les autres chemins qui sont valides restent sauvegardés au niveau de la source pour une utilisation ultérieure en cas de rupture de chemin.

5.3 Le mécanisme d'évitement des collisions dues aux nœuds cachés

Dans la Section 3.4.1, nous avons présenté les principales techniques de gestion du problème du nœud caché. Vu les contraintes liées aux RCSFs en général et aux RCSFs basés sur IEEE 802.15.4/ZigBee en particulier, la plupart de ces techniques ne peuvent pas être appliquées sur de tels réseaux. Par exemple, le mécanisme RTS/CTS du protocole IEEE 802.11 est assez performant pour protéger les trames de grande taille qui peuvent dépasser 1500 octets. Cependant, dans le cas du protocole IEEE 802.15.4 qui prévoit une taille maximale des paquets de 127 octets, ce mécanisme RTS/CTS alourdit la communication et constitue un trafic de signalisation très important. De plus, implémenter un tel mécanisme dans le standard IEEE 802.15.4 fait perdre sa conformité. Nous avons également remarqué que les approches de gestion du nœud caché qui ont été proposées dans le contexte des RCSFs basés sur le standard IEEE 802.15.4/ZigBee considèrent uniquement le mode slotté de la méthode d'accès au canal CSMA/CA qui ne convient pas à notre cas qui se base sur le mode non slotté. Cette section est consacrée à la description de notre deuxième amélioration relative au mécanisme d'évitement des collisions au niveau du *Sink* provoquées par le phénomène du nœud caché, appelé HNCM (*Hidden Node Collision Mechanism*).

Les résultats de simulation préliminaires (chapitre 4) nous ont montré que les collisions au niveau du *Sink* sont beaucoup plus dominantes que les collisions intra-chemin. Encore, du fait que les chemins de routage sont à nœuds disjoints, cela veut dire que chaque nœud routeur d'un chemin donné n'est pas partagé par d'autres chemins et reçoit donc uniquement les paquets de données de son nœud prédécesseur appartenant au même chemin, en d'autres termes, les nœuds de ces chemins ne sont pas exposés aux collisions inter-chemin et sont donc moins stressés que le nœud *Sink* qui représente le goulot d'étranglement du trafic dans le réseau. Cette constatation nous a conduit à proposer une solution MAC hybride. Elle consiste en l'application du protocole CSMA/CA non slotté sur tous les nœuds du réseau et l'utilisation du mécanisme HNCM au niveau du voisinage du *Sink*. Ainsi, la solution hybride dans la couche MAC permet le support de la QdS exigée par les applications haut débit et multimédia.

Avant de commencer la description détaillée du mécanisme HNCM, nous décrivons d'abord, l'étape de détermination des nœuds sources à risque et non à risque, en s'appuyant sur des hypothèses pour simplifier et clarifier la situation.

Hypothèses
– Le *Sink* connait la liste des voisins de chacun de ses voisins.

– Le modèle de transfert de données est la transmission directe où le mode ACK est activé.

– Afin de simplifier la description de notre mécanisme HNCM, nous supposons que les collisions dues au problème du nœud caché sont causées par deux nœuds cachés seule-

5.3 Le mécanisme d'évitement des collisions dues aux nœuds cachés

ment et pas plus. Cependant, il est tout à fait faisable d'étendre notre mécanisme pour supporter le cas de collisions provoquées par plusieurs nœuds cachés.

Détermination des sources à risque et non à risque : Une étape préliminaire est nécessaire pour le fonctionnement du mécanisme HNCM, consiste en la détermination des nœuds sources à risque et non à risque. À chaque fois que le $Sink$ reçoit les numéros des deux chemins sélectionnés par la source, il vérifie, grâce à ces numéros, si les derniers nœuds traversés par ces chemins sont cachés l'un de l'autre ou non. Ensuite, il peut déterminer s'il s'agit d'une source à risque ou non. Sachant que le $Sink$ connait les voisins de tous ses voisins, nous pouvons donner les définissons suivantes :

Définition 5 *Deux nœuds A et B sont dits des nœuds cachés l'un de l'autre si $A \notin L_B$ ou $B \notin L_A$, où L_A, respectivement L_B, est la liste des voisins du nœud A, respectivement du nœud B. Sinon, A et B se trouvent dans la même portée radio (visibles) l'un de l'autre.*

Définition 6 *Une source S est dite à risque si elle utilise deux chemins disjoints dont les deux derniers nœuds A et B (voisins du Sink) appartenant chacun à un chemin différent sont des nœuds cachés l'un de l'autre.*

Définition 7 *Une source S est dite non à risque si elle utilise deux chemins disjoints dont les deux derniers nœuds A et B (voisins du Sink) appartenant chacun à un chemin différent sont des nœuds visibles l'un de l'autre.*

La collision peut être provoquée par deux nœuds cachés l'un de l'autre pouvant appartenir soit à des sources à risque et/ou non à risque. Nous énumérons les différents cas suivants :

– Les deux nœuds cachés appartiennent aux deux chemins disjoints d'une même source à risque.

– L'un des deux nœuds cachés appartient à un chemin d'une source à risque et l'autre nœud caché appartient à un chemin d'une autre source à risque.

– L'un des deux nœuds cachés appartient à un chemin d'une source non à risque et l'autre nœud caché appartient à un chemin d'une autre source à risque.

– Chacun des deux nœuds cachés appartient à une source non à risque.

Dans ce travail de thèse, nous nous sommes concentrés sur l'étude du premier cas seulement, où les deux nœuds cachés appartiennent aux deux chemins disjoints d'une même source à risque. Les autres cas seront explorés à l'avenir dans nos futurs travaux.

Le mécanisme HNCM est constitué de deux étapes :

5.3 Le mécanisme d'évitement des collisions dues aux nœuds cachés

- **Détection et différentiation entre les collisions au niveau du Sink :** Il existe deux types de collisions dans les RCSFs, des collisions dues à la transmission simultanée de nœuds qui ne sont pas cachés les uns des autres (Figure 5.3(a)) et d'autres dues au problème du nœud caché (Figure 5.3(b)). Toutefois, le $Sink$ peut faire la différence entre ces deux types de collisions [121]. Pour une collision due à une transmission simultanée, le $Sink$ saura la détecter au début de la réception des deux paquets de données, tandis que pour une collision due au nœud caché, il réussira à reconnaître au moins une partie d'un paquet. La capacité que le $Sink$ peut différencier entre ces deux types de collisions nous a permis de se concentrer sur les collisions dues au nœud caché.

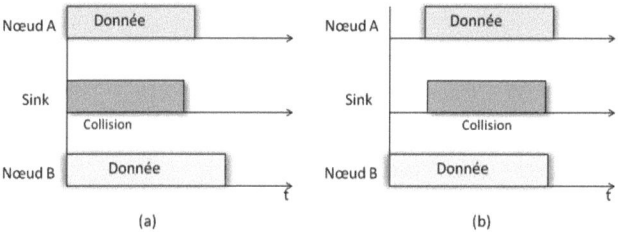

FIGURE 5.3 – collision due : (a) à une transmission simultanée (b) aux nœuds cachés

- **Traitement de la collision :** après la détection et l'identification du type de collision, le $Sink$ passe à la phase de traitement de cette collision qui se base essentiellement sur l'utilisation d'un paquet spécial d'acquittement, appelé NACK (Figure 5.4). La structure du paquet NACK est presque identique à celle du paquet ACK de la norme IEEE 802.15.4 à laquelle nous avons ajouté un champ supplémentaire de deux octets. Ce nouveau champ, appelé IdN, contient l'adresse du nœud caché, il représente le *payload* du paquet NACK. Un ACK n'a pas de *payload* dans la norme.

Octets: 2	1	2	2
Contrôle de trame	Num-Séquence	IdN	FCS
MHR		MAC payload	MFR

FIGURE 5.4 – Format du paquet NACK

Nous expliquons le principe du mécanisme en se basant sur les notations suivantes :

Soit S_i une source à risque ($1 \leq i \leq n$) où n est le nombre de sources à risque. Soient $V_1^{s_i}$ et $V_2^{s_i}$ les deux nœuds (voisins du $Sink$) cachés l'un de l'autre qui correspondent aux derniers nœuds des chemins disjoints utilisés par S_i avant d'atteindre le $Sink$. Soit L_{Sink} la liste des voisins du $Sink$. Soit $L_{v1}^i = L_{V_1^{s_i}} \cap L_{Sink}$ l'ensemble des nœuds communs aux voisins du nœud $V_1^{s_i}$ et ceux du $Sink$. On utilise L pour désigner l'ensemble des nœuds non concernés par la collision. Nous supposons que les deux paquets de données DP_1 et

5.3 Le mécanisme d'évitement des collisions dues aux nœuds cachés

DP_2 ont provoqué une collision au niveau du *Sink*.

Grâce à sa connaissance de la liste des voisins de tous ses voisins, le *Sink* (en appliquant les définitions 5 et 6) est en mesure d'identifier les sources à risque ainsi que les nœuds ayant provoqué ce risque (l'étape préliminaire de détermination des sources à risque). Quand le *Sink* détecte une collision provoquée par deux nœuds cachés l'un de l'autre A et B du réseau, il va chercher à les identifier en appliquant la procédure suivante pour chaque source à risque. Le processus s'arrête dès que l'identification est réalisée avec succès. Pour une source S_i, le *Sink* diffuse un NACK contenant l'adresse d'un des nœuds cachés ($V_1^{s_i}$) l'un de l'autre, associés à cette source en utilisant le champ IdN. Ce NACK provoquera la cession de toutes tentatives de (re)transmissions par les nœuds qui le reçoivent sauf celui qui est en attente d'un ACK parmi ceux appartenant à l'ensemble $\{V_1^{s_i}\} \bigcup L_{v1}^i$. Ce dernier retransmet le paquet non acquitté DP_1 et ainsi le *Sink* peut déduire l'identité d'un des nœuds ayant provoqué la collision et par conséquent celle du deuxième nœud. Il est à noter que ce dernier n'est pas concerné par la retransmission de DP_2 puisque par définition n'appartient pas à L_{v1}^i. Si le *Sink* ne reçoit pas de retransmission, il passe à la source à risque suivante.

Dans le cas où l'identification du premier nœud caché (A) a été faite avec succès, et après avoir retransmis au *Sink* son paquet $DP1$ qui était rejeté à cause de la collision, ce nœud caché (A) continue la transmission de tous les paquets qui se trouvent dans sa file d'attente si elle est non vide. Tous les paquets sont re(transmis) directement au *Sink* sans application de la méthode d'accès CSMA/CA non slotté. Le nœud caché (A) indique la fin de ses transmissions en désactivant le champ (ACK = 0) du dernier paquet de données envoyé. Quand le *Sink* reçoit ce dernier paquet, il diffuse alors à tous ses voisins un autre paquet NACK contenant le numéro de séquence de ce dernier paquet de données et l'adresse du second nœud caché (B). La réception de ce paquet par le premier nœud caché (A) lui indique que son dernier paquet a été bien reçu par le *Sink*. Le second nœud caché (B), qui a transmis son paquet de données DP_2 au *Sink* et était lui aussi en attente d'un ACK, la réception du NACK signifie que c'est à son tour d'utiliser le canal pour (re)transmettre ses paquets exactement comme ça était fait par le premier nœud caché (A). Les autres nœuds restent toujours bloqués en attendant la fin du mécanisme HNCM. Une fois que le *Sink* reçoit le dernier paquet transmis par le deuxième nœud caché (B), il envoie à son voisinage un dernier paquet NACK [1], où aucune adresse dans le champ IdN n'est mentionnée, indiquant ainsi à tous ses voisins que le mécanisme de résolution du nœud caché est terminé avec succès et qu'ils peuvent accéder au canal avec la méthode d'accès CSMA/CA non slotté pour transmettre leurs données. Le numéro de séquence contenu dans ce dernier NACK permet l'acquittement du dernier paquet transmis par le nœud caché (B). Dans le but d'assurer l'équité entre les files d'attente des deux nœuds cachés, le *Sink* peut très bien gérer les re(transmissions) des deux nœuds cachés de façon alternative jusqu'à ce que les files d'attente deviennent vide en respectant le même fonctionnement de re(transmission) que nous venons de décrire.

Le diagramme temporel de cette phase est donné par la figure 5.5 ci-dessous.

---

1. ça peut être le paquet ACK

5.4 Simulation et interprétation des résultats

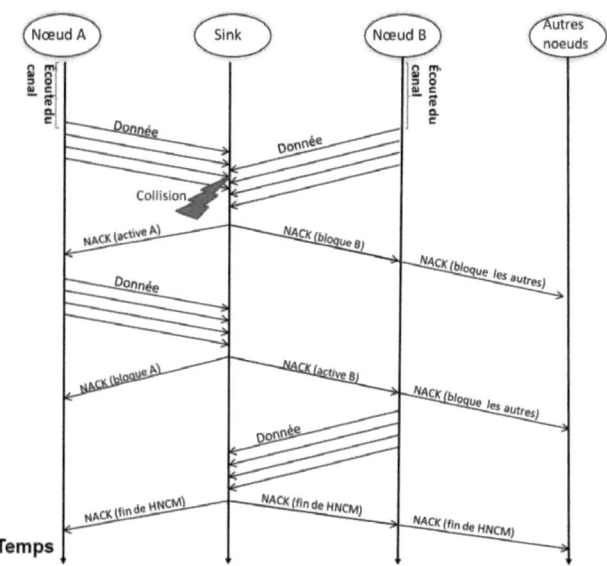

FIGURE 5.5 – Diagramme temporel de l'étape de traitement de collisions de HNCM

5.4 Simulation et interprétation des résultats

Nous évaluons dans cette section les performances de notre protocole amélioré sur deux stratégies de routage (mono-chemin TR et multi-chemin Z-$MHTR$) en fonction de la charge d'un réseau de capteurs constitué de 101 nœuds déployés uniformément sur une zone de surveillance de 80×80 m^2 (Figure 5.6). Nous considérons deux types de trafic : scalaire (Poisson) et vidéo (MPEG-4) [131]. Le tableau 5.2 résume les paramètres de simulation qui sont communs pour les deux types de trafic. Nous gardons les valeurs par défaut des paramètres de la méthode d'accès au canal CSMA/CA donnés dans le chapitre précédent.

5.4.1 Données scalaires

Les résultats de simulation, obtenus dans le chapitre précédent, ont montré que l'utilisation simultanée de seulement deux chemins à nœuds disjoints offre de meilleures performances par rapport à l'utilisation de trois chemins. Nous avons donc limité nos simulations à deux chemins qui vont être sélectionnés, parmi les chemins découverts, par le nœud source selon la métrique du niveau d'interférence de chaque chemin ou selon le critère de la longueur des chemins. Pour le routage multi-chemin à nœuds disjoints, nous avons simulé trois différentes stratégies de routage appelées M-SP, M-NIP et M-MP selon le couple de chemins utilisè pour effectuer la transmission des données. Dans M-SP, SP pour *shortest paths*, la source va sélectionner les

5.4 Simulation et interprétation des résultats

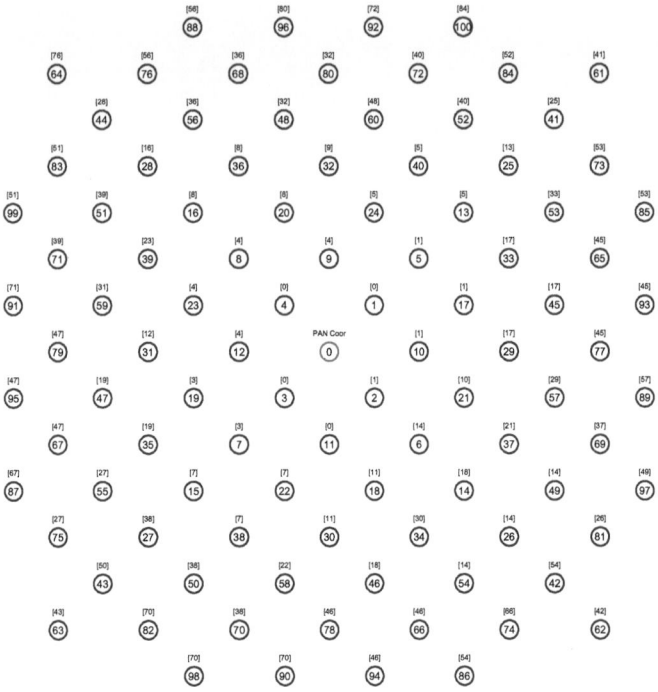

FIGURE 5.6 – Exemple de topologie de RCSF

deux chemins, éventuellement corrélés, les plus courts. Dans $M\text{-}NIP$ (multi-chemin avec des chemins suffisamment à radio disjoint), les chemins sont sélectionnés selon le critère du niveau d'interférence de chaque chemin $NI(P)$ (définie dans la section 5.2). Dans ce cas, la source prendra deux chemins ayant les plus faibles valeur de $NI(P)$, c'est à dire les plus éloignés possible l'un de l'autre. Ces deux chemins seront à priori plus longs par rapport à ceux de $M\text{-}SP$. Dans le dernier cas $M\text{-}MP$, la source choisira des chemins moins courts avec un niveau d'interférence moyen en combinant les deux critères précédents.

Paramètres de simulation et métriques de performance

Aux paramètres donnés dans la table 5.2, s'ajoutent les paramètres spécifiques aux données scalaires. Ces derniers sont résumés dans la table 5.3. Pour pouvoir effectuer une étude comparative entre les performances de la version initiale et améliorée de $Z\text{-}MHTR$, nous avons retenus les mêmes métriques de performances définies et utilisées dans le chapitre 4, à savoir : le débit, le pourcentage de livraison de paquets, le délai de bout en bout et la durée de vie

5.4 Simulation et interprétation des résultats

TABLE 5.2 – Paramètres de simulation

Paramètre	Valeur
Nombre de nœuds	101
Rayon de transmission (m)	11
Nombre de FFD	100
Nombre d'exécutions de simulation	(12*8) un total de 96
Nombre de source	1
Nombre de $Sink$	1 (Coordinateur PAN)
Position du $Sink$	Centre de la zone de surveillance
Mobilité des nœuds	aucune
Paramètres de ZigBee (Lm, Cm, Rm)	(7,4,4)
Énergie initiale des nœuds capteurs (j)	2
Énergie de transmission (mW)	42
Énergie de réception (mW)	59.1
Protocole de routage	TR et $Z\text{-}MHTR$
Protocole MAC	IEEE 802.15.4 (mode non slotté avec le mécanisme CSMA/CA non slotté)
modèle de propagation	Two Ray Ground Model
taille de la file	50
Modèle de transfert de données	transmission de données directe
Surface de simulation (m*m)	80*80
Durée de la simulation (sec)	100

du réseau. Nous avons interprété les résultats observés, en s'appuyant sur d'autres mesures telles que le nombre de collision au niveau du $Sink$ et entre les nœuds du même chemin (intra-chemin) et les interférences inter et intra chemins.

TABLE 5.3 – Paramètres de simulation (données scalaires)

Paramètre	Valeur
modèle de trafic	Trafic poisson
taille du paquet (bytes)	80
charge du trafic (pps)	$100, 67, 50, 20, 10, 5, 2, 1$
charge du trafic (kbps)	$62.5, 41.875, 31.25, 12.5, 6.25, 3.125, 1.25, 0.625$

Évaluation des résultats

Pourcentage de Livraison de Paquets : la figure 5.7 montre le pourcentage de livraison des paquets au $Sink$ en fonction de la charge de trafic pour le routage mono et multi chemins. Fondamentalement, pour les deux stratégies de routage, le pourcentage de livraison de données diminue avec l'augmentation de la quantité de trafic dans le réseau, causant ainsi une perte

5.4 Simulation et interprétation des résultats

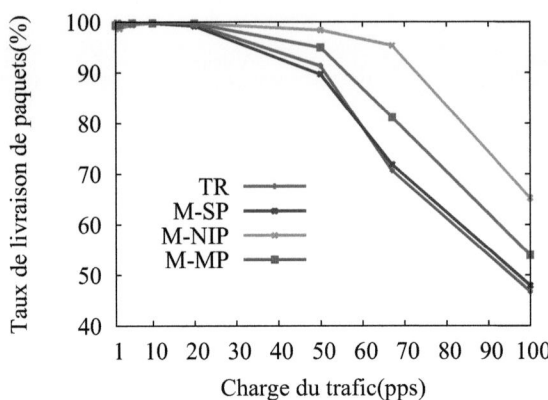

FIGURE 5.7 – Pourcentage de livraison de paquets

assez considérable de paquets due principalement aux problèmes de collisions et d'interférence dans le milieu sans fil. Les résultats montrent que lorsque la charge de trafic est entre 1 à 20 *pps*, tous les protocoles ont approximativement le même comportement, ils sont capables de bien gérer le trafic, délivrant plus de 99, 5% de paquets au *Sink*. Ces résultats peuvent être expliqués par le fait que dans cet intervalle, les collisions et les interférences n'apparaissent pas dans le routage mono-chemin et sont presque négligeables pour le routage multi-chemin (Figures 5.8, 5.9 et 5.10(a)). Cependant, une fois que la charge du trafic dépasse 20*pps*, le routage multi-chemin, en particulier *M-NIP*, surpasse les autres cas. La performance supérieure de *M-NIP* est due, d'une part, au fait que les chemins utilisés sont moins corrélés en termes d'interférences inter-chemin. D'autre part, l'utilisation du mécanisme HNCM qui détecte et résout le problème du nœud caché a énormément amélioré les performances du routage multi-chemin.

Délai de transmission de bout en bout : le délai moyen de transmission de paquets de bout en bout est montré dans la figure 5.11. Il augmente avec la charge du trafic puisque les paquets s'attardent plus dans les files d'attente. En outre, en raison de collisions et d'interférences au niveau MAC, les paquets nécessitent d'être retransmis d'où l'augmentation de leur temps de livraison. Au-delà de 20*pps*, le protocole *TR* a la plus mauvaise performance. Dans ce cas, tout le trafic est envoyé sur un seul chemin qui mène à un excès de collisions et d'interférences intra-chemin (Figures 5.9 et 5.8). Toutefois, dans le routage multi-chemin, où les paquets de données sont répartis sur deux chemins à nœuds disjoints, le nombre de collisions et d'interférences intra-chemin est réduit, minimisant ainsi le nombre de retransmissions, ce qui améliore le délai de transmission de bout en bout notamment pour le cas du multi-chemin *M-NIP*.

5.4 Simulation et interprétation des résultats

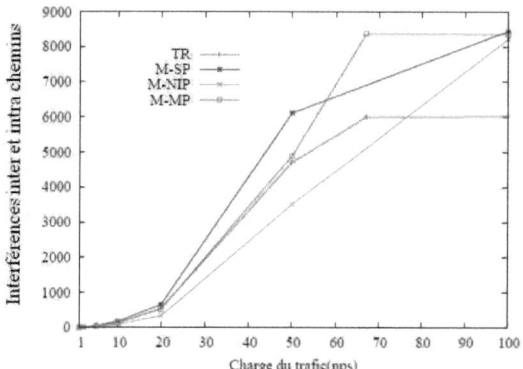

FIGURE 5.8 – Interférences inter et intra chemins

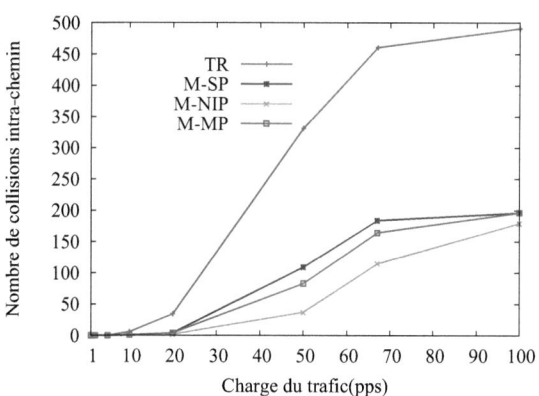

FIGURE 5.9 – Collisions intra-chemin

5.4 Simulation et interprétation des résultats

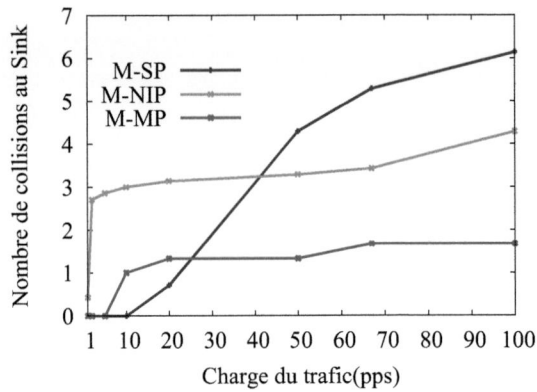

FIGURE 5.10 – Collisions au niveau du *Sink*

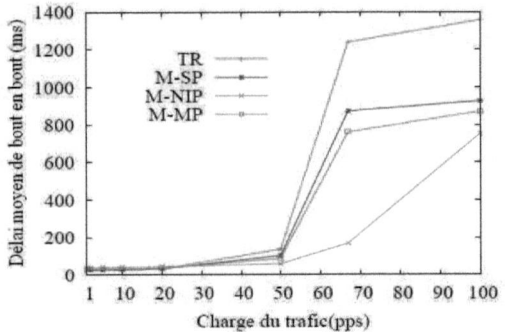

FIGURE 5.11 – Délai moyen de bout en bout

Durée de vie du réseau : pour le routage mono-chemin où toute la quantité du trafic est acheminée le long d'un seul chemin, si un nœud du chemin a épuisé toute son énergie, le *Sink* arrête de recevoir du trafic provenant du nœud source. Au contraire, dans le routage multi-chemin, où le trafic total est réparti uniformément sur les deux chemins à nœuds disjoints, le *Sink* continue à recevoir les paquets de données jusqu'à ce que les deux premiers nœuds, appartenant chacun à un chemin, meurt l'un après l'autre. Cela montre que l'utilisation de multiples chemins prolonge la durée de vie du réseau et donne une meilleure performance de débit de données comme indiqué dans les figures 5.12 et 5.13. Comme prévu, la durée de vie diminue lorsque l'on augmente la charge de trafic. Les résultats de la simulation de la figure

5.4 Simulation et interprétation des résultats

5.12 sont compatibles avec ceux des figures 5.9 et 5.8. Lorsque la charge du trafic est comprise entre 1 et 20*pps*, la durée de vie mesurée par les différentes techniques de routage est approximativement la même. Cependant, lorsque la charge de trafic dépasse 20*pps*, une quantité importante de données de paquets est transmise dans le réseau, ce qui produira plus de collisions et d'interférences et par la suite des re(transmissions) de paquets de données, provoquant ainsi une augmentation de la consommation d'énergie. Au-delà de cette valeur de saturation, TR souffre de retransmissions excessives, ce qui dégrade fortement ses performances, tandis que le routage multi-chemin, en particulier le $M\text{-}NIP$, peut toujours profiter de la capacité intégrée de plusieurs chemins et réaliser une durée de vie du réseau plus longue.

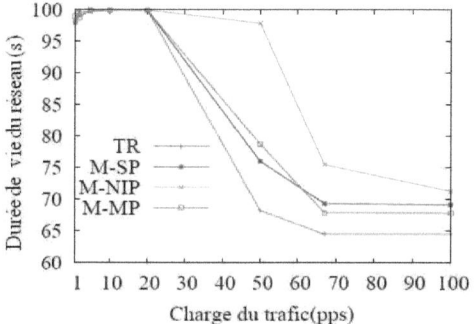

FIGURE 5.12 – Durée de vie du réseau

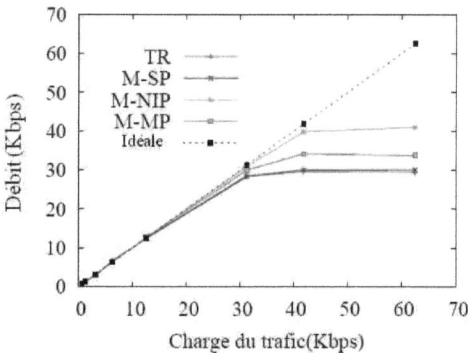

FIGURE 5.13 – Débit de données

5.4 Simulation et interprétation des résultats

Bande passante efficace

Les améliorations que nous avons apportées à notre protocole de routage *Z-MHTR* ont permis de démontrer l'efficacité de l'approche multi-chemin à nœuds disjoints pour la transmission d'un trafic haut débit par rapport à la technique de routage mono-chemin. L'utilisation simultanée de deux chemins suffisamment à radio disjoints (M-NIP) et l'évitement des collisions au niveau du *Sink* ont contribué à atteindre un tel objectif.

La figure 5.10 montre que, sous différentes charges de trafic, le mécanisme HNCM intégré à CSMA/CA pour résoudre le problème du nœud caché au niveau du voisinage du *Sink*, apporte une amélioration significative aux performances de la méthode d'accès en termes de réduction de nombre de collisions. Les collisions très négligeables (environ 6 collisions sous une charge de trafic élevée) sont principalement dues aux collisions de contention. La figure 5.14 montre une comparaison entre les performances de la méthode d'accès CSMA/CA avant et après amélioration en termes de nombre de collisions.

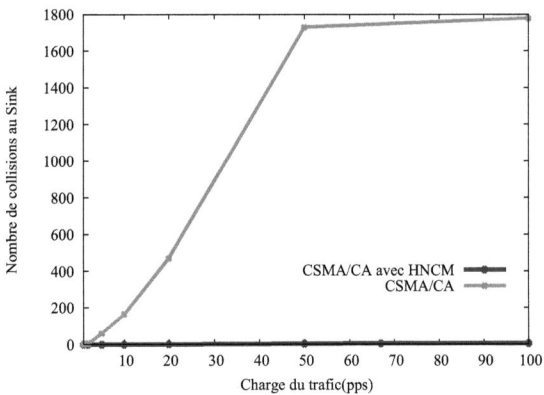

FIGURE 5.14 – Collisions au niveau du *Sink*

Pour calculer la bande passante effective, nous devons considérer le débit maximum atteignable par cette technologie selon les deux versions du protocole avant et après amélioration. Les résultats de la simulation (Figure 5.16) indiquent que *Z-MHTR* amélioré est plus performant que *Z-MHTR* initial en termes de bande passante atteignable. En effet, pour la même charge du trafic de 67*pps* $\simeq$ 42*kbps*, un débit de 40756*bps* $\simeq$ 41*kbps* est réalisable (soit 1/6 de la bande passante théorique 250*kbps* que peut supporter cette technologie) pour *Z-MHTR* amélioré et un débit de 28000*bps* $\simeq$ 28*kbps* (soit 1/9 de la bande passante 250*kbps*) pour *Z-MHTR* avant amélioration. Le débit devient inférieur pour des taux de données supérieurs à 67*pps*. Par conséquent, dans le cas du *Z-MHTR* amélioré, pour calculer la bande passante efficace utilisable pouvant fournir une qualité de service de livraison de données au moins égale à 96%, une charge de trafic inférieure ou égale à 67*pps* doit être prise en considération délivrant un débit de données égale à 41*kbps* (Figures 5.7 et 5.16). De même, pour les applications en temps réel, exigeant une meilleure QdS en termes de temps de transmission, selon la figure 5.11, le multi-chemin M-NIP offre de bonnes performances en termes de délai de

5.4 Simulation et interprétation des résultats

transmission, environ 60ms pour une charge de trafic de 50pps (31$kbps$) au lieu de 150ms pour la même charge du trafic dans le cas du Z-MHTR avant amélioration (Figure 5.15).

Bande passante atteignable pour une QdS de 99% de livraison de données et de 60ms de temps de transmission $\simeq$ 31$kbps$ pour une charge de trafic égale à 50pps $\simeq$ 31$kbps$.
Bande passante atteignable pour une QdS de 96% de livraison de données et de 168ms de temps de transmission $\simeq$ 41$kbps$ pour une charge de trafic égale à 67pps $\simeq$ 42$kbps$.

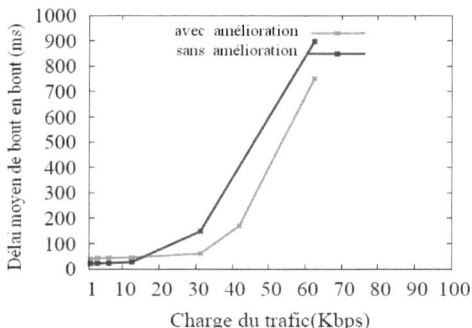

FIGURE 5.15 – Délai moyen de bout en bout

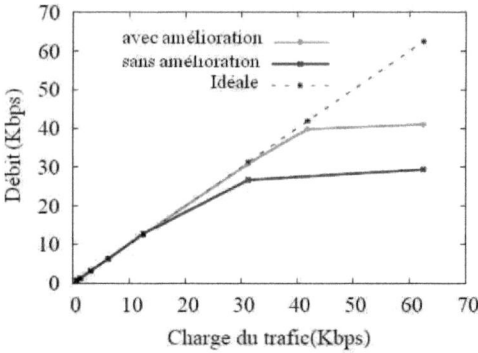

FIGURE 5.16 – Débit de données

5.4.2 Trafic vidéo

Dans la section précédente, le comportement du protocole de routage multi-chemin Z-$MHTR$ amélioré a été étudié en détail et comparé à celui du mono-chemin TR et de Z-$MHTR$ sans amélioration en utilisant des nœuds sources simples générant des données scalaires de type Poisson. La performance du réseau a été mesurée en utilisant différents critères : pourcentage de livraison de paquets, délai de bout en bout, etc. Dans cette section, nous nous concentrons sur le transfert d'un trafic vidéo en utilisant les protocoles mono-chemin et multi-chemin. Par rapport à la transmission de données classiques, la qualité de service (QdS) requise par l'application multimédia est plus contraignante notamment en termes de taux de paquets/frames délivrés ou perdus, de délai de bout en bout et d'autres métriques de qualité vidéo objectives telles que le $PSNR$ et le $SSIM$ (qui vont être définies plus loin). Ce qui est particulier à ce type de données est que la dégradation des paramètres de QdS a un impact direct sur la qualité visuelle de la vidéo perçue par l'utilisateur, ce qui est un point essentiel dans l'acceptation du service. En matière de format vidéo, nous nous sommes particulièrement intéressés à la norme MPEG-4 (*Moving Picture Experts Group*). Dans ce qui suit, le codage vidéo MPEG-4 sera présenté succinctement. L'intérêt pour ce format réside essentiellement dans son efficacité en termes d'utilisation de la bande passante et d'économie de stockage sans compromettre la qualité vidéo, par opposition à MJPEG qui peut offrir une excellente qualité d'image, mais a un grand impact sur la bande passante. Ensuite, nous décrivons les différentes étapes qui montrent comment appliquer les différents types d'outils permettant de simuler et d'évaluer une vidéo MPEG-4 qui sera transmise sur les réseaux de capteurs sans fil ZigBee. L'ensemble d'outils d'évaluation de la vidéo appelé *EvalVid* (*Evaluation Video*) [132] intégré au simulateur $NS2$ a été utilisé pour préparer la séquence vidéo, simuler la transmission vidéo et évaluer la qualité vidéo perçue à la réception.

Le codage vidéo MPEG-4

Une séquence vidéo MPEG-4 est une suite d'images. Trois types d'images existent. Des images I (Intratrame) appelées aussi des trames clé sont compressées/décompressées sans faire référence à n'importe quelle autre image. Comparées aux autres types d'images, elles nécessitent beaucoup de données et ont le plus faible taux de compression. Les images P (Prédictive) sont celles qui sont déduites d'une image antérieure qui peut être de type I ou P et ne peuvent être correctement décodées que si l'image antérieure I ou P est disponible. Ces images sont plus petites et plus compressées que les images I. Les images B (Bidirectionnelle) sont prédictives à partir d'images antérieure et postérieure de type I ou P et sont correctement décodées si l'image I ou P prédécesseur et l'image I ou P successeur sont disponibles. Les images B sont de tailles plus petites que celles de type P ou I.

Une suite d'images MPEG-4 constitue le groupe d'images GoP (Groupe of Pictures). Le GoP commence par une image de type I, suivie de quelques images de type P espacées et entre lesquelles se placent les images restantes qui sont de type B. La fin du GoP se situe à la dernière image précédant immédiatement une nouvelle image I. La longueur d'un GoP est variable, c'est la distance entre deux images I successives. Si la longueur d'un GoP est 12, cela signifie qu'il y a une image I toutes les 11 images (combinaison d'images P et B). La structure du GoP est souvent indiquée par deux nombres, par exemple $M = 3$ et $N = 12$. Le premier indique la distance entre deux images références (I ou P), le second indique la

5.4 Simulation et interprétation des résultats

distance entre deux images codées en intra (I) : c'est la longueur du *GoP*. La structure du *GoP* de l'exemple où $M = 3$ et $N = 12$ est alors : $IBBPBBPBBPBB$. Un exemple de transmission de MPEG-4 est donné par la figure 5.17 montrant un ordre des frames, leurs types et les dépendances de décodage.

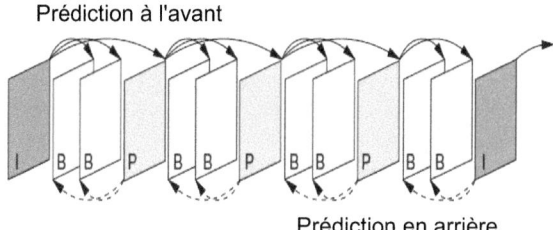

FIGURE 5.17 – Un modèle GoP MPEG-4 typique

Transport du trafic vidéo

Nous avons utilisé l'outil d'évaluation de la qualité vidéo EvalVid pour simuler le trafic vidéo dans nos expérimentations. EvalVid est un projet de recherche mené par le groupe TKN à la Faculté de génie électrique et informatique de l'Université Technique à Berlin [132]. Nous utilisons dans nos simulations des séquences vidéo non compressées au format YUV avec la résolution QCIF (*Quarter Common Intermediate Format*) (176 × 144 pixels) et qui sont disponibles dans [133]. Chaque séquence vidéo brute doit passer par trois étapes : pré-traitement, simulation et le post-traitement. La chaîne d'outils illustrée à la figure 5.18 est utilisée pour le pré-traitement, la simulation du transport de la vidéo MPEG-4 dans le réseau et le post-traitement pour évaluer la qualité vidéo de la séquence vidéo sous différents paramètres.

Pré-traitement : cette étape consiste à générer un fichier trace à partir de la séquence vidéo brute donnée en entrée. Différentes sous étapes sont nécessaires pour pouvoir générer un tel fichier qui sera par la suite utilisé par le simulateur.

– *Utilisation de filtres :* vu la limite en ressources des nœuds capteurs et le faible débit offert par la technologie ZigBee, nous avons préféré appliquer d'abord des filtres sur la séquence vidéo avant de la compresser avec le codeur MPEG-4. Ces filtres consistent à réduire la taille et la résolution chromatique de la séquence vidéo brute. La nouvelle séquence vidéo produite après l'application de ces deux filtres successivement sera de taille (128 × 128) pixels et au format monochrome (c-à-d en niveaux de gris). Pour bien montrer l'intérêt de la phase de pré-traitement de l'image avant sa compression prenant un exemple d'une image YUV de 176 × 144 pixels au format 4 : 2 : 0.

Exemple : *Initialement, la taille d'une image de* 176 × 144 *pixels au format* 4 : 2 : 0 *est égale à* 304.128 *bits. Si le taux de frames est de* 30 *frames par seconde (fps) (1*

5.4 Simulation et interprétation des résultats

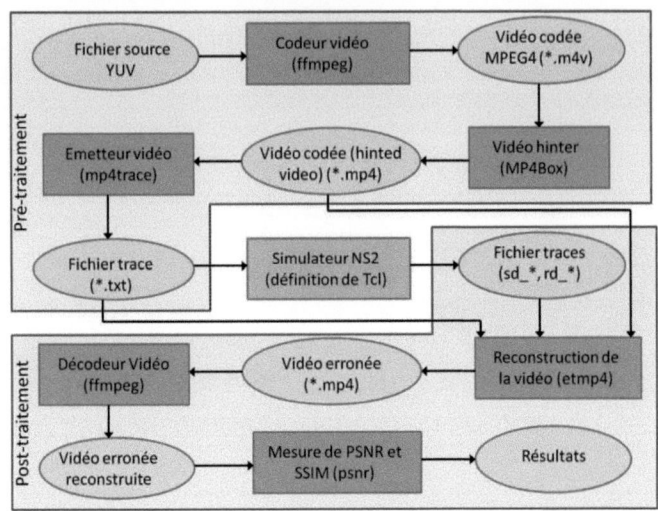

FIGURE 5.18 – Modèle d'interaction entre différents outils

image par 33, 33*ms*) *alors le taux de bits par seconde est* 9, 12 *Mbits/s. Après application du filtre de réduction, la nouvelle taille de l'image* 128 × 128 *pixels est égale à* 196.608 *bits et le taux de bits par seconde est égale à* 5, 95 *Mbits/s. Le filtre de résolution chromatique réduit encore le taux de bits de l'image qui devient égale à seulement* 3, 97 *Mbits/s.*

- *Compression de la séquence vidéo :* pour ne pas excéder les capacités de stockage et de la bande passante du réseau de communication, il est important de réduire encore plus la taille du fichier vidéo produit par l'étape précédente en compressant la séquence vidéo avec le codeur/décodeur $ffmpeg$ au format MPEG-4.

- *Paquetage des frames :* dans cette étape, les images vidéo sont mises sous forme de paquets à l'aide du Protocole Temps Réel (RTP). Le logiciel *MP4Box* [134], qui fait partie du projet de recherche multimédia GPAC [2], est utilisé pour réaliser cette tâche. La taille de la MTU (*Maximum Transmission Unit*) est de 100 Bytes.

- *Génération du fichier trace :* ensuite, un fichier trace est généré de manière à être utilisé par le simulateur de réseau NS2. Ce fichier est créé en utilisant le logiciel *mp4trace*, qui fait partie du projet EvalVid [132].

Simulation : exécution du script de simulation avec différents scénarios en faisant varier différents paramètres tels que le type de routage choisi (mono ou multi chemin), le type

---

2. http ://gpac.wp.institut-telecom.fr/mp4box/

5.4 Simulation et interprétation des résultats

de la séquence vidéo, le taux de frames par seconde, le *GoP*, etc. Après la simulation, NS2 va générer deux fichiers traces. Dans le premier fichier est enregistré le temps d'envoi de chaque paquet et dans le second le temps de réception de chaque paquet.

Post-traitement : cette étape permet l'évaluation de la vidéo transmise et la reconstruction de cette dernière. Pour cela, la vidéo et les fichiers de trace sont traités par l'outil *etmp4* (*Evaluate Traces*) [132]. Cet outil permet de générer : (i) des fichiers statistiques indiquant le pourcentage de perte des paquets/frames, le délai, le débit de transmission et de réception, etc. et (ii) un fichier vidéo probablement corrompu. Ce dernier, sera ensuite décodé par le décodeur *ffmpeg* en format YUV. Enfin, la dégradation de la qualité vidéo sera mesurée en termes de $PSNR$ et $SSIM$ en prenant les fichiers YUV source et généré comme entrées pour effectuer la comparaison.

Paramètres de simulation

Nous avons choisi l'une des séquences vidéo standards utilisée dans divers travaux de recherche sur le codage et la transmission de la vidéo. Cette séquence vidéo en format YUV est appelée "akiyo" [133] caractérisée par des mouvements qui sont relativement faibles. Elle est au format QCIF de résolution (176 × 144) pixels et se compose de 300 frames. En plus des paramètres de simulation en commun cités précédemment (table 5.2), nous rajoutons d'autres paramètres spécifiques au trafic vidéo donnés par la table 5.4. Nous avons écrit un nouveau script *Tcl* pour la transmission du fichier vidéo de la source vers la destination. Chaque programme (*ffmpeg*, *MP4Box*, *mp4trace*, etc.) peut facilement être exécuté directement a partir de la ligne de commande, mais parce que chaque scénario de simulation doit s'exécuter plusieurs fois avec différents paramètres, ceci nous a conduit à l'élaboration de plusieurs scripts shell avec des boucles. Afin de coordonner entre les exécutions de programmes, des entrées correctes doivent être données à chaque programme, et, si nécessaire, leur sorties respectives doivent être nommées et stockées de sorte que le programme suivant peut les retrouver, ce qui nécessite aussi l'élaboration de nouveaux scripts shell.

TABLE 5.4 – Paramètres de simulation (trafic vidéo)

Paramètre	Valeur
séquence vidéo	akiyo.yuv
format vidéo	QCIF(176 × 144)
nombre de frames	300
codeur/décodeur vidéo	MPEG-4
MTU (bytes)	100
taux de frames par seconde (fps)	3, 6, 12, 24 *et* 30

Métriques de performance

De nombreuses façons pour juger de la qualité vidéo transmise dans un réseau existent et peuvent être scindées en deux grandes catégories : les métriques objectives et les métriques

5.4 Simulation et interprétation des résultats

subjectives. Le jugement de la qualité vidéo subjectif est la façon dont la vidéo apparaît a l'œil humain tandis que le jugement de la qualité vidéo objectif sert souvent à mesurer les différences dans les fichiers respectifs. Les méthodes pour mesurer les métriques subjectives sont coûteuses et nécessitent beaucoup de ressources alors que le calcul des métriques objectives peut être automatisé et simple. Dans notre travail, nous considérons une évaluation objective de la qualité vidéo reçue basée sur le calcul du $PSNR$ (*Peak-Signal-to-Noise Ratio*) et $SSIM$ (*Structural SIMilarity*). D'autres mesures des métriques liées à la qualité de service (QdS) fournie par le réseau sous-jacent, telles que le taux de perte des paquets/frames et le délai de bout en bout sont introduites. Pour ce type de trafic, nous n'avons pas considéré la métrique de débit de données reçues par le $Sink$ qui n'est pas, d'après nous, un facteur important pour évaluer la qualité vidéo reçue par le $Sink$ à cause de la dépendance qui existe entre les différents types de frames. L'image P dépend de l'image I et si jamais un paquet de l'image I est perdu alors l'image P correspondante ne peut pas être décodée même si elle a été bien reçue par le $Sink$.

Le $PSNR$ est l'une des métriques objectives les plus répandues pour évaluer la qualité de service au niveau application de la vidéo transmise. Il fournit une mesure objective de la distorsion entre l'image source et l'image de destination. Plus la valeur de $PSNR$ est grande, plus la distorsion est faible. L'équation suivante donne la définition du $PSNR$ entre l'image source S de résolution $M \times N$ pixels et l'image de destination D :

$$PSNR = 10 \, log_{10}(\frac{MAX^2}{MSE}) = 20 \, log_{10}(\frac{MAX}{\sqrt{MSE}})$$

Où MAX est la valeur maximale de pixels (traditionnellement 255 dans les images en échelle de gris codées sur 8bpp (bit par pixel)) et MSE est l'erreur quadratique moyenne (Mean Squared Error) calculée comme suit :

$$MSE = \frac{1}{M.N} \sum_{i=0}^{M-1} \sum_{j=0}^{N-1} [x_{i,j} - y_{i,j}]^2$$

Où $x_{i,j}$ est l'intensité du pixel de l'image source S ayant les coordonnées (i,j) et $y_{i,j}$ est l'intensité du pixel dans l'image de destination D.

L'indice de similarité structurelle ou $SSIM$, a également été adopté comme une métrique objective supplémentaire. $SSIM$ est généralement considérée comme un meilleur indicateur de préférence humaine pour la qualité vidéo que le $PSNR$. Ceci est dû au fait qu'elle considère les écarts des deux pixels dans les deux images originale avant compression et celle reçue et décompressée, de même que la covariance entre les images. Il fonctionne également sur une taille de fenêtre beaucoup plus petite qu'une image toute entière et permet le chevauchement des fenêtres compte tenu de toutes les fenêtres possibles à l'intérieur de l'image. L'équation suivante décrit comment calculer $SSIM$:

$$SSIM = \frac{(2\mu_1\mu_2 + C_1)(2\sigma_{1,2} + C_2)}{(\mu_1^2 + \mu_2^2 + C_1)(\sigma_1^2 + \sigma_2^2 + C_2)}$$

Où μ_1 et μ_2 représentent les valeurs de pixels moyennes pour les fenêtres dans les images 1 et 2 respectivement. σ_1^2 et σ_2^2 représentent leur écarts et $\sigma_{1,2}$ représenté la covariance des

5.4 Simulation et interprétation des résultats

échantillons de fenêtres. C_1 and C_2 sont des constantes. $SSIM$ a des valeurs allant de 0 a 1, une valeur plus élevée signifie une meilleure qualité vidéo.

Évaluation des résultats

Nous étudions ici, le comportement du réseau en fonction du taux de frames par seconde injectées dans le réseau en utilisant les deux techniques de routage. Nous avons aussi fait varier la longueur de GoP selon le taux de frames par seconde. Concernant la structure de GoP, nous avons retenu seulement les images de types I et P dans le but d'optimiser encore plus l'utilisation de la bande passante du réseau, d'autant plus que, les images bidirectionnelles B n'ont pas d'impact sur la qualité vidéo du moment qu'elles ne sont pas utilisées comme référence pour un autre calcul relatif.

Les résultats obtenus montrent bien que lorsque le nombre de frames par seconde augmente, la performance du réseau se dégrade à cause du taux élevé de perte de paquets/frames vidéo qui influence négativement la qualité de la vidéo reçue par le $Sink$. Cette constatation est valable pour les deux stratégies de routage. Néanmoins, pour une charge de trafic vidéo inférieure ou égale à $12fps$ (ne dépassant pas la capacité de la bande passante du réseau 250kbps théorique), nous remarquons que le routage multi-chemin est plus performant que le routage mono-chemin en termes de taux de perte de paquets/frames (Figures 5.19 et 5.20), délai de bout en bout (Figure 5.21) et qualité vidéo mesurée par $PSNR$ et $SSIM$ (Figures 5.22 et 5.23). Ces résultats s'expliquent par le fait que, lorsque le réseau est trop chargé, le routage mono-chemin ne peut pas assumer une telle charge de trafic qui dépasse ses capacités d'où le taux élevé de perte menant à une dégradation de la qualité vidéo. La même constatation a été faite dans le cas des données scalaires.

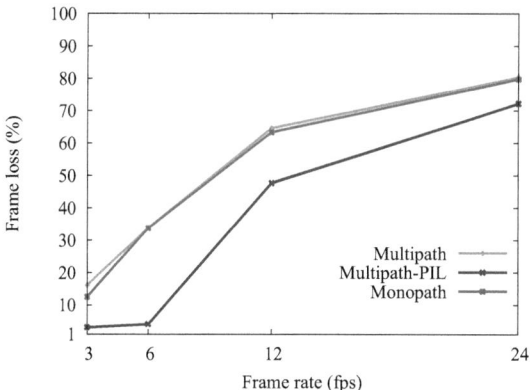

FIGURE 5.19 – Taux de perte de paquets

Le codage MPEG-4 présente des spécificités particulières. La qualité de la vidéo reçue

5.4 Simulation et interprétation des résultats

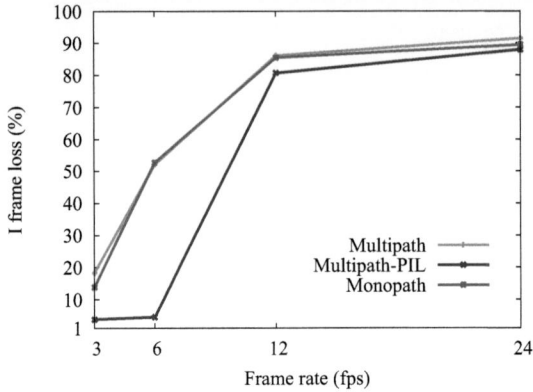

FIGURE 5.20 – Taux de perte des différents types de frames

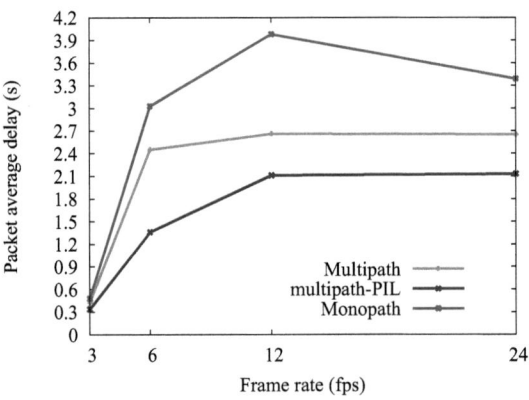

FIGURE 5.21 – Délai moyen de bout en bout

5.4 Simulation et interprétation des résultats

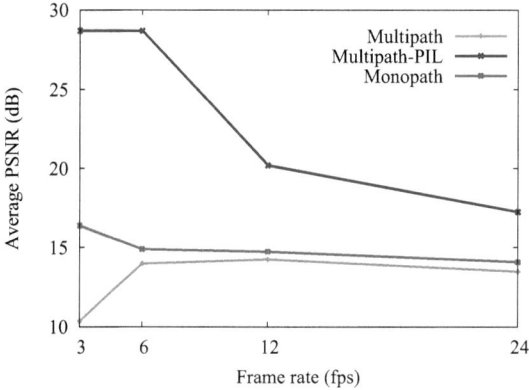

FIGURE 5.22 – PSNR

dépend non seulement du taux de perte mais également de la nature des données perdues. En effet, pour un flux MPEG-4 certains paquets contiennent des informations plus importantes telles que les images I. La perte d'un de ces paquets contenant de telles informations se traduit par une dégradation plus importante de la qualité de l'image que la perte d'un autre type de paquet. Pour mieux démontrer les avantages de la technique du routage multi-chemin pour le transport du trafic vidéo dans les RCSFs ZigBee, nous avons aussi évalué le pourcentage de frames perdues en fonction du nombre de frames par seconde montré dans la figure 5.20. Les pertes de frames (en %) sont séparées en pertes de frames intra (I) (en %) et de prédiction (P) (en %). Le taux (%) total de frames perdues est calculé par l'équation suivante :

$$taux\ de\ perte\ de\ frames\ total\ = \frac{(nbr\ de\ framesI\ perdues\ + nbr\ de\ framesP\ perdues\ ) \times 100}{nbr\ total\ de\ frames}$$

En MPEG-4, les frames I fournissent des informations de référence et sont nécessaires pour le décodage des frames P et donc la perte des frames de type I a un impact plus important sur la qualité de la vidéo reçue. Comme nous pouvons le voir dans la figure 5.20, l'utilisation du routage multi-chemin, non seulement réduit le pourcentage de perte de frames totale, il réduit également le pourcentage de perte de frames I qui garantit une lecture vidéo améliorée pour l'utilisateur.

Les résultats obtenus par la métrique PSNR peuvent être convertis en une échelle MOS (*Mean Opinion Score*) montrée dans la table 5.5. MOS est une métrique subjective mesurant la qualité vidéo au niveau application. Elle est basée sur l'avis d'un échantillon de population qui est généralement donné par une échelle de cinq valeurs allant de 1 jusqu'au 5 [135].

En se référant à la table 5.5, la figure 5.22 montre que, pour le cas du multi-chemin avec un taux de frames inférieure ou égale à $12 fps$, la qualité vidéo perçue est bonne ($PSNR \geq 30$).

5.5 Conclusion

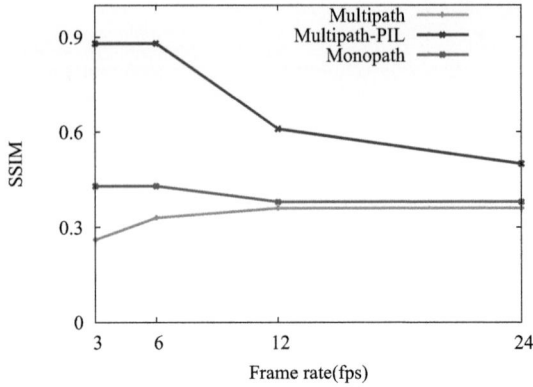

FIGURE 5.23 – SSIM

TABLE 5.5 – Conversion possible entre PSNR et MOS [4]

PSNR (dB)	MOS
> 37	5 (Excellent)
31-37	4 (Bon)
25-31	3 (Passable)
20-25	2 (moins mauvais)
< 20	1 (mauvais)

Ces résultats sont cohérents avec ceux donnés par la figure 5.23 pour le même cas où la valeur de SSIM est proche de 1.

5.5 Conclusion

Dans ce chapitre, nous avons présenté les améliorations apportées à notre protocole de routage multi-chemin à nœuds disjoints *Z-MHTR* dans le but de satisfaire les besoins de QdS exigés par les applications haut débit dans les RCSFs basés sur la technologie IEEE 802.15.4/ZigBee. À travers deux principaux mécanismes, *Z-MHTR* bénéficie de la transmission des données sur multiples chemins à nœuds disjoints.

Motivé par les résultats obtenus dans le chapitre précédent, qui montrent les effets négatifs et destructifs des interférences inter-chemins et des collisions dues au problème du nœud caché sur la performance du routage multi-chemin, la première amélioration, que nous avons proposé, consiste à introduire une nouvelle métrique permettant de calculer le niveau d'interférence de chaque chemin pendant la phase de découverte de chemins. Afin de réduire les

5.5 Conclusion

collisions au niveau du voisinage du $Sink$, nous avons proposé un simple mécanisme d'évitement de collisions que nous avons intégré à la méthode d'accès au canal radio CSMA/CA non slotté.
L'idée que nous avons soutenu dans notre travail, consiste à fournir des solutions ou des améliorations à Z-$MHTR$ qui soient simples, peu coûteuses et flexibles tout en évitant de s'éloigner de la spécification IEEE 802.15.4/ZigBee. En effet, l'avantage principale des deux solutions proposées est de ne pas surcharger le réseau par des messages de contrôle supplémentaires. D'une part, les mêmes messages de découverte de chemins envoyés par la source en mode unicast sont utilisés pour le calcul du niveau d'interférence des chemins et d'autre part, les mêmes messages ACK du mécanisme d'acquittement auxquels nous avons ajouté un seul champ, sont aussi utilisés pour prendre en charge le problème de collision dû au nœud caché.

Nous avons évalué le protocole de routage multi-chemin Z-$MHTR$ amélioré et comparé sa performance avec celle du protocole de routage mono-chemin en fonction de la charge du trafic (scalaire ou vidéo) dans le réseau. Grâce aux améliorations que nous avons intégrées à Z-$MHTR$, des résultats encourageants ont été obtenus montrant la capacité du routage multi-chemin à supporter le transport de trafic à haut débit de type scalaire ou vidéo dans un réseau IEEE 802.15.4/ZigBee à faible débit. Contrairement au routage mono-chemin, qui lui n'est pas en mesure d'effectuer la livraison multimédia du fait du taux important de perte des paquets/frames qui dégrade considérablement la qualité vidéo perçue par l'utilisateur. En effet, en évitant de dépasser une certaine valeur de saturation, au-delà de laquelle la performance du réseau commence à se dégrader, la qualité vidéo fournie par la technique multi-chemin répond bien aux besoins de QdS exigés par certains types d'applications multimédia ne nécessitant pas une excellente qualité vidéo mais plutôt acceptable pour l'utilisateur telles que la surveillance vidéo.

Chapitre 6

Conclusion

Les réseaux de capteurs sans fil sont un élément essentiel du paradigme de l'informatique ubiquitaire. Avec l'avancée technologique significative des aspects matériels de ces réseaux, leur domaine d'applications est actuellement très vaste. Récemment, il y a eu un intérêt croissant aux applications des RCSFs modernes à haut débit, telles que la surveillance de l'état des structures publiques, les soins médicaux, la surveillance vidéo, etc. Ce dernier type d'applications s'intéresse plus précisément à l'intégration de la vision devenue aujourd'hui l'une des préoccupations majeures au sein de la communauté des chercheurs.

La plupart des études antérieures dans le domaine des RCSFs ont mis l'accent sur les applications traditionnelles caractérisées par un faible débit de données. Le standard IEEE 802.15.4/ZigBee, sur lequel s'est porté notre travail de recherche, est caractérisé par un faible débit, un faible coût et une faible consommation énergétique et convient bien aux besoins de telles applications. Néanmoins, les nouveaux défis imposés par les applications modernes des RCSFs sont généralement au-delà de la capacité de ce standard qui est largement répandu dans les travaux de recherche issus de la communauté scientifique. Pour bénéficier de tous ses avantages offerts, de nouvelles extensions à ce standard ont été proposées dans cette thèse visant à rendre les réseaux de capteurs IEEE 802.15.4/ZigBee capables de transporter du trafic à haut débit tout en fournissant un niveau acceptable de QdS.

6.1 Contributions

Des solutions pratiques au problème du transport du trafic intensif (le multimédia, par exemple) dans les réseaux de capteurs sans fil basés sur la technologie IEEE 802.15.4/ZigBee, caractérisée essentiellement par un faible débit théorique de 250kbps, ont fait l'objet de nos contributions. Il est clair qu'un protocole de routage hiérarchique mono-chemin de ZigBee ne peut pas satisfaire la QdS exigée par les applications haut débit à cause de sa fragilité en présence des ruptures de liens et de sa capacité insuffisante en bande passante pour pouvoir supporter un tel trafic. Pour cette raison, nous avons jugé que la meilleure manière de solutionner une telle problématique est de proposer une extension multi-chemin au protocole de routage hiérarchique de ZigBee. Le choix d'une telle solution est justifié par le fait qu'actuellement, la technique du routage multi-chemin est considérée parmi les mécanismes de QdS utilisés dans le domaine des RCSFs.

6.2 Perspectives

Notre première contribution consiste en la conception d'un protocole de routage multi-chemin à nœuds disjoints nommé *Z-MHTR* et son implémentation sous l'environnement de simulation NS2. Nous avons opté pour une approche hybride qui s'appuie sur les avantages des deux approches proactive et réactive. Les chemins réactifs sont découverts grâce à une légère phase de découverte basée sur l'envoie des messages de découverte de chemins en mode unicast seulement, évitant ainsi d'inonder tout le réseau par ce type de message. Nous avons judicieusement utilisé le mécanisme d'adressage hiérarchique spécifié par ZigBee, les liens père-fils de la topologie cluster-tree de ZigBee et les liens de voisinage de type non père-fils pour l'établissement des chemins multiples à nœuds disjoints.

Les résultats préliminaires obtenus par des simulations intensives sur le comportement du protocole de routage multi-chemin nous ont révélé que les performances du multi-chemin sont acceptables lorsque la charge du trafic dans le réseau est faible ou moyenne. En revanche, en présence d'un lourd trafic, les performances du protocole se dégradent à cause principalement des interférences inter-chemin et des collisions, au niveau du *Sink*, dues au problème du nœud caché. Cette constatation nous a mené à proposer une deuxième contribution à travers laquelle nous avons essayé d'apporter des solutions aux limites observées.

La deuxième contribution se résume à deux améliorations, la première se situe au niveau routage et la deuxième au niveau MAC. Afin de bénéficier des avantages de l'approche multi-chemin lors d'une utilisation simultanée des chemins pour la transmission des données, nous avons intégré au processus de découverte de chemins une nouvelle métrique calculant le niveau d'interférence de chaque chemin en s'appuyant sur la technique de l'écoute passive sans l'introduction de nouveaux messages de contrôles. Une telle métrique permettra au nœud source de sélectionner les chemins ayant un minimum d'interférences inter-chemin. Au niveau MAC, nous avons proposé un mécanisme simple de détection et d'évitement de collisions au niveau du voisinage du *Sink*, appelé HNCM. Ce dernier permet d'améliorer les performances du protocole d'accès CSMA/CA non slotté en tenant compte du problème du nœud caché. Pour ne pas s'éloigner de la spécification du standard IEEE 802.15.4 et respecter son fonctionnement, nous avons tiré profit du mécanisme d'acquittement que nous avons activé pour assurer une fiabilité à la transmission des données. Pour se faire, un seul champ à été ajouté à la structure du paquet ACK du standard et servira à identifier les nœuds cachés. Les résultats de simulation obtenus montrent que ces améliorations ont permis d'améliorer les performances du réseau en termes de débit de données, délai de bout en bout, taux de livraison de données et la durée de vie du réseau. D'autre part, ces résultats nous ont permis de répondre à la question que nous nous sommes posés tout à fait au début de notre travail sur la faisabilité du transport du trafic vidéo dans un réseau de capteurs IEEE 802.15.4/ZigBee. En effet, la distribution simultanée du trafic vidéo ne dépassant pas un certain taux de frames par seconde injectées dans le réseau, donne de bonnes qualités vidéo acceptables par l'être humain.

6.2 Perspectives

Le travail de recherche présenté tout au long de cette thèse traite la problématique du transport du trafic haut débit dans les RCSFs basés sur la technologie IEEE 802.15.4/ZigBee à faible débit. Nous étions préoccupés par la conception et l'implémentation d'un protocole

6.2 Perspectives

de routage multi-chemin que nous avons combiné avec un mécanisme d'évitement de collisions dues au problème du nœud caché afin de rendre les réseaux ZigBee capables de supporter les applications haut débit/multimédia telles que la surveillance vidéo. Les résultats obtenus ont montré que nos propositions ont permis d'obtenir des résultats assez satisfaisants et encourageants. Néanmoins, d'autres problèmes et aspects liés aux couches application, réseau, MAC et physique ont été au-delà de la portée de cette thèse. Cependant, ces problèmes peuvent servir de base pour des améliorations futures. Ainsi, nous proposons comme suite à notre travail les perspectives de recherche suivantes :

- Dans ce travail nous nous sommes particulièrement intéressés à l'étude du cas où le *Sink* représente la racine de la topologie cluster-tree (trafic convergecast), d'autres scénarios peuvent être envisagés concernant d'autres emplacements que peut prendre le *Sink* et d'autres topologies de déploiement des nœuds du réseau. Le *Sink* peut se trouver, par exemple, parmi les ascendants, descendants ou au même niveau que celui du nœud source. Dans ce cas, nous pouvons encore améliorer notre protocole de routage multi-chemin en tenant compte des protocoles de routage de raccourci visant à réduire le nombre de sauts entre le nœud source et le nœud *Sink*.

- Améliorer le mécanisme de gestion du problème du nœud caché en considérant les différents scénarios de collisions provoquées par les nœuds sources à risque et non à risque, tenant compte de la taille des files d'attente des nœuds cachés et de la durée d'attente des paquets dans ces files en fonction de la charge du trafic du réseau.

- L'objectif principal du protocole multi-chemin proposé est d'offrir plus de bande passante dans les réseaux ZigBee pour favoriser le transport du trafic haut débit dans de tels réseaux. Un autre avantage de la technique du routage multi-chemin est l'optimisation de la consommation de l'énergie des nœuds en distribuant le trafic sur la majorité des nœuds qui participent au routage. Néanmoins, la couche MAC sur laquelle se base notre protocole ne prend pas en compte d'une manière explicite le facteur énergie au niveau des nœuds. Une amélioration du fonctionnement du protocole CSMA/CA non slotté par le mécanisme veille/réveil est à envisager dans nos futurs travaux. Une telle amélioration, permettra de traiter le compromis entre la minimisation de la consommation d'énergie et la préservation d'un débit suffisant pour les applications haut débit fonctionnant sur ce réseau.

- Sachant que la QdS peut concerner toutes les couches protocolaires, nous pensons que la meilleure solution pour améliorer les performances des RCSFs et garantir la QdS dans ces réseaux est de faire travailler ces différentes couches d'une manière conjointe. Par exemple, il est intéressant de combiner le protocole de routage multi-chemin réalisé avec la technique de contrôle de topologie basée sur le contrôle de la puissance de transmission, ceci permettra d'améliorer les performances des réseaux ZigBee en termes de consommation d'énergie et de capacité du réseau. Une autre interaction inter-couche entre la couche application et la couche réseau peut être exploitée pour une sélection efficace des chemins multiples. Une interaction entre la couche réseau et la couche MAC peut favoriser la différentiation de service au niveau des paquets ou un ordonnancement basé sur la priorité des paquets.

6.2 Perspectives

– Une des clés du succès de la technologie IEEE 802.15.4/ZigBee et la principale raison de l'avoir choisie pour réaliser ce travail est son support aux profils d'application. Par conséquent, les dispositifs de différents fournisseurs peuvent interagir les uns avec les autres et des innovations impliquant les réseaux de capteurs peuvent facilement être implémentées en utilisant cette technologie sans avoir besoin de construire tout un framework à partir de zéro. Par conséquent, nous dirons que le comportement du protocole de routage multi-chemin à nœuds disjoints proposé a été testé sur différents scénarios de simulation et des résultats encourageants ont été obtenus. Cependant, il ne faut pas perdre de vue que l'objectif reste son intégration dans un produit compatible ZigBee que nous suggérons comme perspective à long terme à ce travail.

6.2 Perspectives

Annexe

Structures des paquets dans les standards IEEE 802.15.4/ZigBee

Couche Physique de IEEE 802.15.4 [18]

La norme prévoit une trame de niveau physique représentée par la figure 1. Cette trame comprend un en-tête de synchronisation (6 octets), un en-tête PHY (1 octet) et les données PHY (127 octets maximum par trame).

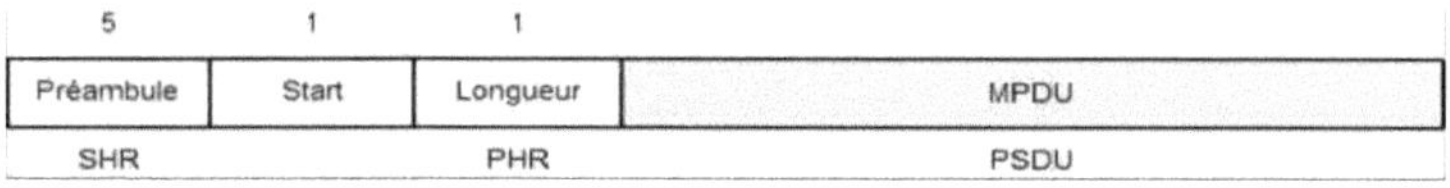

5	1	1	
Préambule	Start	Longueur	MPDU
SHR		PHR	PSDU

FIGURE 1 – Structure de la trame du niveau physique

Couche MAC de IEEE 802.15.4

IEEE 802.15.4 propose 4 types de trames :

- Données (data),
- Acquittement (ack),
- Balise (beacon),
- Service (MAC command).

Ces quatre types de trames, figures 2, 3, 4 et 5 ont une structure commune : un champ contrôle de trame (frame control), un champ numéro de séquence (sequence number), un champ d'adressage (qui pourra être absent), un ou plusieurs champs propres au type de la trame (payload) puis une séquence de contrôle sur 16 bits (FCS : Frame Check Sequence). Le champ payload (charge utile) contient les données utiles de la trame. Sa structure est différente selon le type de la trame. La trame d'acquittement *ack* est la seule qui ne contient pas de champ payload. L'identification de la trame qui est acquittée se fait grâce au numéro de séquence de la trame d'acquittement.

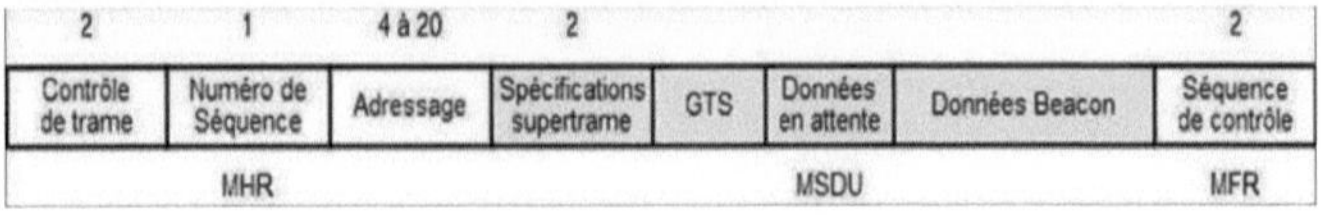

Annexe

2	1	4 à 20	2		2		2
Contrôle de trame	Numéro de Séquence	Adressage	Spécifications supertrame	GTS	Données en attente	Données Beacon	Séquence de contrôle
MHR					MSDU		MFR

FIGURE 2 – Structure de la trame beacon

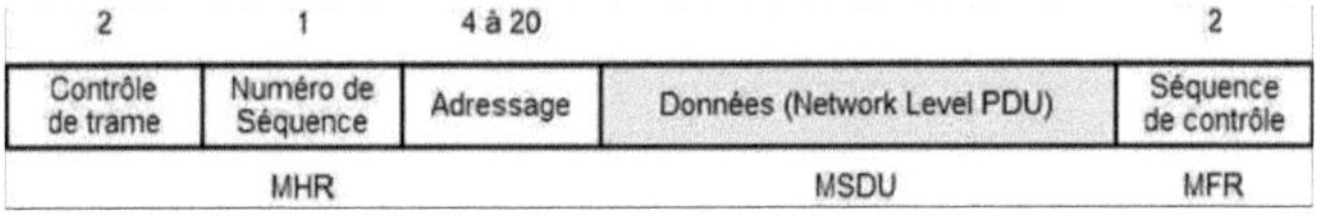

2	1	4 à 20		2
Contrôle de trame	Numéro de Séquence	Adressage	Données (Network Level PDU)	Séquence de contrôle
MHR			MSDU	MFR

FIGURE 3 – Structure de la trame data

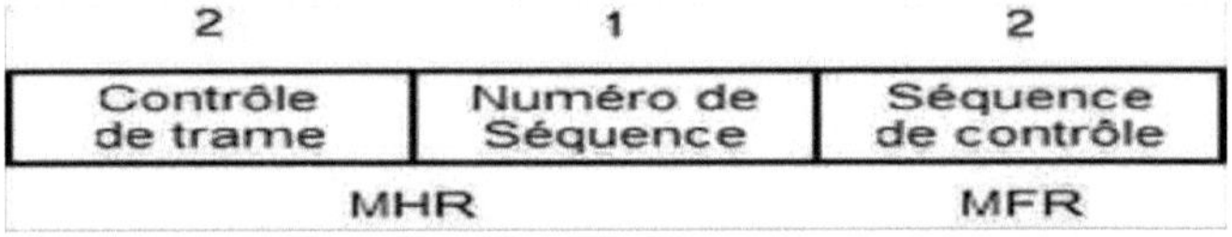

2	1	2
Contrôle de trame	Numéro de Séquence	Séquence de contrôle
MHR		MFR

FIGURE 4 – Structure de la trame ack

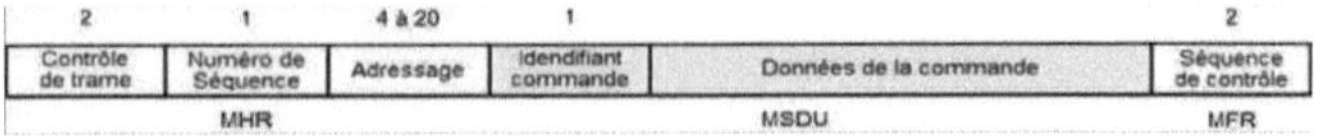

2	1	4 à 20	1		2
Contrôle de trame	Numéro de Séquence	Adressage	Identifiant commande	Données de la commande	Séquence de contrôle
MHR				MSDU	MFR

FIGURE 5 – Structure de la trame de service

Annexe

Couche Réseau ZigBee NWK [17]

Comme la trame IEEE 802.15.4, le paquet de la couche réseau ZigBee possède un champ de contrôle, un champ de numéro de séquence propre, un champ d'adressage (source, destination) et le champ séquence de contrôle (FCS).

La figure 6 montre la structure générale du paquet du niveau réseau et son encapsulation dans une trame de données IEEE 802.15.4.

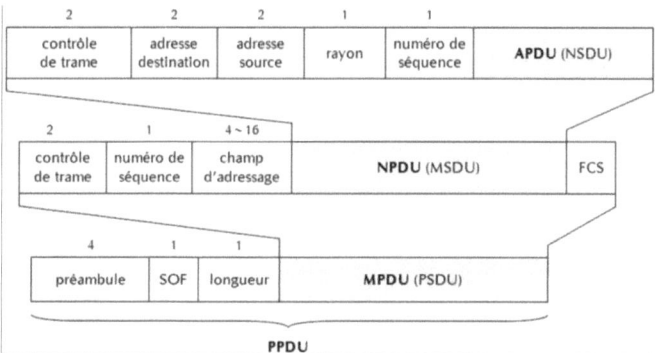

FIGURE 6 – Structure du paquet du niveau réseau

Dans la figure 7 de la structure du paquet de données NWK, le champ de contrôle de trame indique le type de la trame (trame de données) et d'autres informations fixées en fonction de l'utilisation prévue de la trame de données. Le champ de routage doit contenir une combinaison appropriée de champs d'adresse et de diffusion en fonction des valeurs des sous-champs du champ de contrôle de trame.

Octets: 2	Variable	Variable
Contrôle de frame	Champ de routage	
Entête NWK		Charge utile NWK

FIGURE 7 – Structure du paquet de données NWK

Dans la figure 8 de la structure du paquet de commande NWK, le champ d'en-tête de NWK de la trame de commande NWK doit contenir le champ de contrôle de trame et une combinaison appropriée de champs de routage. Le champ de contrôle de trame indique le type de la trame (trame de commande) et d'autres informations fixées en fonction de l'utilisation prévue de la trame de commande. Le champ de routage doit contenir une combinaison appropriée de champs d'adresse et de diffusion en fonction des valeurs des sous-champs du champ de contrôle de trame. Le champ identifiant de la commande NWK indique le type de la com-

Annexe

mande (demande de chemin, réponse de chemin, paquet d'erreur, etc.).

Octets: 2	Variable	1	Variable
Contrôle de frame	Champ de routage	Identifiant de la commande NWK	Charge utile de la commande NWK
Entête NWK		Charge utile NWK	

FIGURE 8 – Structure du paquet de commande NWK

La figure 9 montre le champ de la charge utile (*payload*) du paquet de demande de chemin NWK. Il contient le champ des options de la commande, le champ identifiant de la commande (doit indiquer le numéro de la requête de demande de chemin), l'adresse de la destination, un champ contenant le coût du chemin et l'adresse destination IEEE.

Octets: 1	1	2	1	0/8
Options de la commande	Identifiant de la requête du chemin	Adresse destination	Coût du chemin	Adresse IEEE destination
Charge utile de la commande NWK				

FIGURE 9 – Structure du paquet de demande de chemin NWK

La figure 10 montre le champ de la charge utile (*payload*) du paquet de réponse de chemin NWK. Il contient le champ des options de la commande, le champ identifiant de la commande (doit indiquer le numéro du message de réponse de chemin), le champ adresse de la destination et la source et un champ contenant le coût du chemin.

Octets:1	1	2	2	1	0/8	0/8
Options de la commande	Identifiant de la requête du chemin	Adresse source	Adresse répondeur	Coût du chemin	Adresse IEEE source	Adresse IEEE répondeur
Charge utile de la commande NWK						

FIGURE 10 – Structure du paquet de la réponse du chemin NWK

La figure 11 montre le champ de la charge utile (*payload*) du paquet d'erreur NWK. Il contient le champ d'identifiant de la commande, un champ contenant le code de l'état du réseau et un champ contenant l'adresse de la destination.

Octets : 1	2
Code état	Adresse destination
Charge utile de la commande NWK	

FIGURE 11 – Structure du paquet d'erreur NWK

Bibliographie

[1] W. Lou, "An efficient n-to-1 multipath routing protocol in wireless sensor networks," in *Proceedings of the 2nd IEEE International Conference on Mobile Ad-hoc and Sensor System (MASS'05)*, Washington, DC, USA, November 2005, pp. 672–680.

[2] T. N. Quynh, T. T. Vinh, and M. B. T. Quynh, "Multipath routing for cluster-based and event-based protocols in wireless sensor networks," in *Proceedings of the Third Symposium on Information and Communication Technology*, ser. SoICT '12. New York, NY, USA : ACM, 2012, pp. 172–179. [Online]. Available : http://doi.acm.org/10.1145/2350716.2350743

[3] A. Koubaa, R. Severino, M. Alves, and E. Tovar, "Improving quality-of-service in wireless sensor networks by mitigating hidden-node collisions," *IEEE Transactions on Industrial Informatics*, vol. 5, no. 3, pp. 299–313, August 2009.

[4] J. R. Ohm, *Bildsignalverarbeitung fuer multimedia-systeme*. Skript, 1999.

[5] I. Akyildiz and M.C.Vuran, *Wireless Sensor Networks*. John Wiley & Sons Ltd, 2010.

[6] I. Akyildiz, Y. S. W. Su, and E. Cayirci, "Wireless sensor networks : A survey," *Computer Networks*, vol. 38, no. 4, pp. 393–422, December 2002.

[7] T. Wark, P. Corke, P. Sikka, L. Klingbeila, Y. Guo, C. Crossman, P. Valencia, D. Swain, and G. Bishop-Hurley, "Transforming agriculture through pervasive wireless sensor networks," *IEEE Pervasive Computing*, vol. 6, no. 2, pp. 50–57, 2007.

[8] A. Mainwaring, D. Culler, J. Polastre, R. Szewczyk, and J. Anderson, "Wireless sensor networks for habitat monitoring,," in *Proceedings of the 1st ACM International Workshop on Wireless Sensor Networks and Applications*, ACM, New york, USA, 2002, pp. 88–97.

[9] K. Sukun, S. Pakzad, D. Culler, J. Demmel, G. Fenves, S. Glaser, and M. Turon, "Health monitoring of civil infrastructures using wireless sensor networks," in *Proceedings of 6th International Symposium on Information Processing in Sensor Networks(IPSN)*, 2007.

[10] D. Malan, T. Fulford-Jones, M. Welsh, and S. Moulton, "Codeblue : An ad hoc sensor network infrastructure for emergency medical care," in *Proceedings of International Workshop on Wearable and Implantable Body Sensor Networks (BSN)*, 2004.

[11] L. Krishnamurthy, R. Adler, P. Buonadonna, J. Chhabra, M. Flanigan, N. Kushalnagar, L. Nachman, and M. Yarvis, "Design and deployment of industrial sensor networks : experiences from a semiconductor plant and the north sea," in *Proceedings of the 3rd ACM International Conference on Embedded Networked Sensor Systems (Sensys)*, 2005.

[12] I. Johnstone, J. Nicholson, B. Shehzad, and J. Slipp, "Experiences from a wireless sensor network deployment in a petroleum environment," in *Proceedings of ACM International Conference on Wireless Communications and Mobile Computing*, 2007.

BIBLIOGRAPHIE

[13] "Wireless Sensor Platform c. intel mote2 platform," 2010, http://www.xbow.com/Products/productdetails.aspx?sid=280.

[14] W. Wei and A. Zakhor, "Interference aware multipath selection for video streaming in wireless ad hoc networks," *IEEE Transactions on Circuits and Systems for Video Technology*, vol. 19, no. 2, pp. 165–178, 2009.

[15] M. Radi, B. Dezfouli, K. A. Bakar, and M. Lee, "Multipath routing in wireless sensor networks : Survey and research challenges," *Sensors*, vol. 12, pp. 650–685, 2012. [Online]. Available : www.mdpi.com/journal/sensors

[16] I. T. Almalkawi, M. G. Zapata, J. N. Al-Karaki, and J. Morillo-Pozo, "Wireless multimedia sensor networks : Current trends and future directions," *Sensors*, vol. 10, pp. 6662–6717, 2010.

[17] "Zigbee alliance. zigbee specification document 053474r17," January 2008.

[18] "IEEE-TG15.4 standards part 15.4 : Wireless medium access control (MAC) and physical layer (PHY) specifications for low-rate wireless personal area networks (LR-WPANs)," September 2006.

[19] "Wireless sensor platform, W.S.NMICA-family wireless mote platform specifications," http://www.xbow.com/Products/productdetails.aspx?sid=156.

[20] "Waspmote video camera, technical guide," 2013, http://www.libelium.com.

[21] F.-S. A.J.Garcia-Sanchez and J.Garcia-Haro, "Feasibility study of mpeg-4 transmission on ieee 802.15.4 network," in *Networking and Communications, 2008. WIMOB'08. IEEE International Conference on Wireless and Mobile Computing*, Avignon, October 2008, pp. 397–403Âŋ.

[22] S.Deshpande, "Adaptive low-bitrate streaming over ieee 802.15.4 low rate wireless personal area networks (lr-wpan) based on link quality indication," in *International Conference On Communication and Mobile Computing*, Vancouver, Canada, 2006, pp. 863–868Âŋ.

[23] C. Suh, Z. Mir, and Y. Ko, "Design and implementation of enhanced ieee 802.15.4 for supporting multimedia service in wireless sensor networks," *Computer Networks*, vol. 52, no. 13, pp. 2568–2581, 2008.

[24] A. R. Prasad and N. Prasad, *802.11 WLANs and IP Networking Security, QoS and Mobility*. Library of Congress Cataloging-in-Publication Data, 2005.

[25] A. Koubaa, M. Alves, and E. Tovar, "Modeling and worst-case dimensioning of cluster-tree wireless sensor networks," in *the 27th IEEE International Real-Time Systems Symposium*, Rio de Janeiro, Brazil, 2006, pp. 412–421.

[26] R. Mangharam, A. Rowe, and R. Rajkumar, "Firefly : a cross-layer platform for real-time embedded wireless networks," *Real-Time Syst*, vol. 37, pp. 183–231, 2007.

[27] "Wireless sensor platform, W.S.N tmote sky platform specifications," http://www.sentilla.com/moteiv-transition.html.

[28] "Crossbow technology inc," http://www.xbow.com.

[29] A. Milenkovic, C. Otto, and E. Jovanov, "Wireless sensor networks for personal health monitoring : issues and an implementation," *Computer Communications*, vol. 29, no. 13-14, pp. 2521–2533, 2006.

BIBLIOGRAPHIE

[30] V. Gungor and G. Hancke, "Industrial wireless sensor networks : challenges, design principles, and technical approaches," *IEEE Transactions on Industrial Electronics*, vol. 56, no. 10, pp. 4258–4265, 2009.

[31] I. F. Akyildiz, T. Melodia, and K. R. Chowdhury, "A survey on wireless multimedia sensor networks," *Computer Networks*, vol. 51, no. 4, pp. 921–960, March 2007. [Online]. Available : http://dx.doi.org/10.1016/j.comnet.2006.10.002

[32] F.QIN, "Technologies to improve the performance of wireless sensor networks in high-traffic applications," Ph.D. dissertation, Department of Electronic and Electrical Engineering University College London, 2012.

[33] "Iso/iec 10918-1 / itu-t recommendation t.81, digital compression and coding of continuoustone still images (jpeg)," 1992.

[34] "IEEE 802.11 : the working group setting the standards for WLAN standards," http://grouper.ieee.org/groups/802/11/.

[35] "IEEE 802.15 : the working group for wireless personal area networks WPAN," http://grouper.ieee.org/groups/802/15/.

[36] P. Johansson, M. Kazantzidis, R. Kapoor, and M. Gerla, "Bluetooth : an enabler for personal area networking," *IEEE Network*, vol. 15, no. 5, pp. 28–37, 2001.

[37] B. Allen, T. Brown, K. Schwieger, E. Zimmermann, W. Malik, D. Edwards, L. Ouvry, and I. Oppermann, "Ultra wideband : Applications, technology and future perspectives," in *International Workshop on Convergent Technologies (IWCT)*, 2005.

[38] "ZigBee alliance," http://www.zigbee.org/.

[39] B. Gohn, "The ZigBee PRO feature set : More of a good thing," 2007, http://www.embedded.com/design/205100696.

[40] "HartComm. WirelessHART," 2007, http://www.hartcomm.org/index.html.

[41] "6lowpan charter," 2011, http://www.ietf.org/htmal.charters/6lowpan-charter.html.

[42] "Z-wave solution," http://www.z-wave.com/modules/ZwaveStart/.

[43] M. D. F. M. R. C. Alippi, G. Anastasi, "Energy management in wireless sensor networks with energy-hungry sensors," *IEEE Instrumentation and Measurement Magazine*, vol. 12, no. 2, pp. 16–23, 2009.

[44] D. Chen and P. Varshney, "Qos support in wireless sensor networks : a survey," in *Proceedings of the 2004 International Conference on Wireless Networks (ICWN 2004)*, Las Vegas, Nevada, USA, 2004, pp. 227–233.

[45] F. Xia, "Qos challenges and opportunities in wireless sensor/actuator networks," *Sensors*, vol. 8, no. 2, pp. 1099–1110, 2008.

[46] C. Wang, K. Sohraby, B. Li, M. Daneshmand, and Y. Hu, "Qos challenges and opportunities in wireless sensor/actuator networks," *IEEE Network*, vol. 20, no. 3, pp. 34–40, 2006.

[47] A. Sharif, V. Potdar, and A. Rathnayaka, "Priority enabled transport layer protocol for wireless sensor network," in *IEEE 24th International Conference on Advanced Information Networking and Applications Workshops (WAINA)*, 2010, pp. 583–588.

[48] V. Gungor, O. Akan, and I. Akyildiz, "A real-time and reliable transport (rt)2 protocol for wireless sensor and actor networks," *IEEE/ACM Transactions on Networking*, vol. 16, no. 2, pp. 359–370, 2008.

BIBLIOGRAPHIE

[49] J.-F. Martinez, A.-B. Garci, I. Corredor, L. Lopez, V. Hernandez, and A. Dasilva, "Qos in wireless sensor networks : survey and approach," in *EATIS'07 : Proceedings of the 2007 Euro American Conference on Telematics and Information Systems, ACM*, New York, NY, USA, 2007, pp. 1–8.

[50] R. Braden, D. Clark, and S. Shenker, "Integrated services in the internet architecture - an overview," IETF RFC 1663, June 1994.

[51] S. Blake, D. Black, M. Carlson, E. Davies, Z. Wang, and W. Weiss, "An architecture for differentiated services," IETF RFC 2475, December 1998.

[52] S. S. D. Ganesan, R. Govindan and D. Estrin, "Highly-resilient, energy- efficient multi-path routing in wireless sensor networks," *Mobile Computing and Communication Review*, vol. 5, no. 4, pp. 10–24, 2001.

[53] X. Huang and Y. Fang, "End-to-end delay differentiation by prioritized multipath routing in wireless sensor networks." in *Military Communications Conference (MILCOM)*, Atlantic City, 2005, pp. 1277–1283Âŋ.

[54] S. Wan and Y. He, "K-multipath routing mechanism with load balancing in wireless sensor networks," in *Proceedings of the Second Symposium International Computer Science and Computational Technology(ISCSCT'09)*, Huangshan, P. R. China, 26-28 December 2009, pp. 385–388.

[55] Y. Z. W. Lou, W. Liu, *Performance Optimization using Multipath Routing in Mobile Ad Hoc and Wireless Sensor Networks*. Montreal, United States : Combinatorial Optimization in Communication Networks, 2007, ch. 4, pp. 117–146.

[56] T. H. et al., "SPEED : a stateless protocol for real-time communication in sensor networks," in *Proceedings of International Conference on Distributed Computing Systems*, Providence, RI, 19-22 May 2003, pp. 46–55.

[57] K. Sohrabi, J. Gao, V. Ailawadhi, and G. Pottie, "Protocols for self-organization of a wireless sensor network," *IEEE Personal Communications*, vol. 7, no. 5, pp. 16–27, 2000.

[58] E. Felemban, C.-G. Lee, E. Ekici, R. Boder, and S. Vural, "Probabilistic qos guarantee in reliability and timeliness domains in wireless sensor networks," in *Proceedings of 24th Annual Joint Conference of the IEEE Computer and Communications (INFOCOM)*, March 2005, pp. 2646–ŋ2657.

[59] K. AKKAYA and M. YOUNIS, "Energy and qos aware routing in wireless sensor networks," *Cluster Computing*, vol. 8, no. 2-3, pp. 179–188, 2005.

[60] W. Ye, J. Heidemann, and D. Estrin, "Medium access control with coordinated adaptive sleeping for wireless sensor networks," *Networking, IEEE/ACM Transactions*, vol. 12, no. 3, pp. 493–506, June 2004.

[61] T. Dam and K. Langendoen, "An adaptive energy-efficient mac protocol for wireless sensor networks," in *SenSys'03 : Proceedings of the 1st international conference on Embedded networked sensor systems*, New York, USA, 2003, pp. 171–180.

[62] Y. Liu, I. Elhanany, and H. Qi, "An energy-efficient QoS-aware media access control protocol for wireless sensor networks." in *Mobile Adhoc and Sensor Systems Conference*, 2005, pp. 3 pp. –191.

[63] J. Polastre, J.Hill, and D. Culler, "Versatile low power media access for wireless sensor networks," in *SenSys'04 : Proceedings of the 2nd international conference on Embedded networked sensor systems*, New York, USA, 2004, pp. 95–107.

BIBLIOGRAPHIE

[64] A. El-Hoiydi and J.-D. Decotignie, "Wisemac : An ultra low power mac protocol for multi- hop wireless sensor networks." in *Proceedings of the First International Workshop on Algorithmic Aspects of Wireless Sensor Networks (ALGOSENSORS 2004)*, July 2004, pp. 18–31.

[65] M. Buettne, G. V. Yee, E. Anderson, and R. Han, "X-mac : a short preamble mac protocol for duty-cycled wireless sensor networks." in *SenSys'06 : Proceedings of the 4th international conference on Embedded networked sensor systems*, New York, USA, 2006, pp. 307–320.

[66] L. F. W. V. Hoesel and P. J. M. Havinga, "A lightweight medium access protocol (lmac) for wireless sensor networks : Reducing preamble transmissions and transceiver state switches," in *First International Conference on Networked Sensing Systems*, 2004, pp. 205–208.

[67] S. Chatterjea, L. van Hoesel, and P. Havinga, "AI-LMAC : an adaptive, information-centric and lightweight mac protocol for wireless sensor networks," in *Intelligent Sensors, Sensor Networks and Information Processing Conference*, 2004, pp. 381–388.

[68] R. Injong, A. Warrier, M. Aia, M.Jeongki, and M. Sichitiu, "A hybrid mac for wireless sensor networks." *Networking, IEEE/ACM Transactions*, vol. 16, no. 3, pp. 511–524, 2008.

[69] G. Ahn, S. Hong, E.Miluzzo, A. Campbell, and F. Cuomo, "Funneling-mac : a localized, sink-oriented mac for boosting fidelity in sensor networks," in *SenSys'06 : Proceedings of the 4th international conference on Embedded networked sensor systems*, New York, NY, USA, 2006, pp. 293–306.

[70] M. A. Yigitel, O. D. Incel, and C. Ersoy, "Qos-aware mac protocols for wireless sensor networks : A survey," *Comput. Netw.*, vol. 55, no. 8, pp. 1982–2004, Jun. 2011. [Online]. Available : http://dx.doi.org/10.1016/j.comnet.2011.02.007

[71] L. Hung-Cuong, "Optimisation d'accés au médium et stockage de données distribuées dans les réseaux de capteurs," Ph.D. dissertation, Thèse de doctorat, Université de Franche-Compté, 2009.

[72] A. Burr, "Modulation and coding for wireless communications," *Pearson Education*, 2001.

[73] A. V. D. BOSSCHE, "Proposition d'une nouvelle méthode d'accès déterministe pour un réseau personnel sans fil à fortes contraintes temporelles," Ph.D. dissertation, Thèse de l'Université de Toulouse - LATTIS EA4155, Juillet 2007.

[74] G. Chalhoub, "Une méthode d'accès déterministe et économe en énergie pour les réseaux de capteurs sans fil," Ph.D. dissertation, Université Blaise Pascal, 2009.

[75] C. Perkins, E. Royer, and S. Das, "Ad hoc on demand distance vector (aodv) routing," 1999. [Online]. Available : http://www.ietf.org/internet-drafts/draft-ieftmanet-aodv-03.txt

[76] A. Koubaa, M. Alves, M. Attia, and A. Nieuwenhuyse, "Collision-free beacon scheduling mechanisms for ieee 802.15.4/zigbee cluster-tree wireless sensor networks,," in *Proceedings of the 7th International Workshop on Applications and Services in Wireless Networks*, May 2007.

[77] T. Sun, L.-J. Chen, C.-C. Han, G. Yang, and M. Gerla, "Measuring effective capacity of IEEE 802.15.4 beaconless mode," in *Wireless Communications and Networking Conference, (WCNC 2006)*, April 2006, pp. 492–498.

BIBLIOGRAPHIE

[78] B. N. A. Zainaldin, I. Lambadaris, "Adaptive rate control for low bit-rate video transmission over wireless zigbee network," in *IEEE International Conference on Communications (ICC)*, May 2008, pp. 19–23.

[79] ——, "Video over wireless zigbee networks : Multi-channel multi-radio approach," in *International Wireless Communications and Mobile Computing conference (IWCMC)*, 2008, pp. 882–887.

[80] RA.Rashid, N.Fisal, AH.Fikri, and A.Halim, "Wireless multimedia sensor network platform for low rate image/video streaming." *Journal Technologie 54 (Sians and Kej.) Keluaran Khas*, vol. 54 Special Edition, pp. 231–254, jan 2011.

[81] NN.Ismail, F.Yunus, SHS.Ariffin, AA.Shahidan, RA.Rashid, W.Embong, N.Fisal, and SKS.Yusof, "Mpeg-4 video transmission using distributed tdma mac protocol over ieee 802.15.4 wireless technology." in *4th International conference on modelling, simulation and applied optimization (ICMSAO)*, 2011, pp. 1–6.

[82] F.-S. A.J.Garcia-Sanchez, J.Garcia-Haro, and F.Losilla, "A cross-layer solution for enabling real-time video transmission over ieee 802.15.4 networks, published online," *Multimedia Tools and Applications*, vol. 51, no. 3, pp. 1069–1104, February 2011.

[83] C. Perkins and P. Bhagwat, "Highly dynamic destination-sequenced distance-vector routing DSDV for mobile computers," *ACM SIGCOMM Computer Communications Review*, vol. 24, no. 4, pp. 234–244, 1994.

[84] T. Clausen and P. Jacquet, "Optimized link state routing protocol OLSR," IETF RFC 3626, October 2003.

[85] W. Heinzelman, A. Chandrakasan, and H. Balakrishnan, "Energy-efficient communication protocol for wireless sensor networks," in *Proceeding of the Hawaii International Conference SystemSciences*, Hawaii, January 2000.

[86] H. O. Tan and I. Körpeoğlu, "Power efficient data gathering and aggregation in wireless sensor networks," *SIGMOD Rec.*, vol. 32, no. 4, pp. 66–71, 2003.

[87] D. B. Johnson, D. A. Maltz, and J. Broch, *DSR : The Dynamic Source Routing Protocol for Multi-Hop Wireless Ad Hoc Networks*. Addison-Wesley, 2001, ch. 5, pp. 139–172.

[88] W. Heinzelman, J. Kulik, and H. Balakrishnan, "Adaptive protocols for information dissemination in wireless sensor networks," in *Proceedings of the 5th Annual ACM/IEEE International Conference on Mobile Computing and Networking (MobiCom'99)*, Seattle, WA, August 1999.

[89] C. Intanagonwiwat, R. Govindan, and D. Estrin, "Directed diffusion : a scalable and robust communication paradigm for sensor networks," in *Proceedings of the 6th annual international conference on Mobile computing and networking, MobiCom'00*, ACM, New York, NY, USA, 2000, pp. 56–67.

[90] Z. Haas, M. Pearlman, and P. Samar, "The zone routing protocol," 2002, internet-Draft, draftietfmanetzonezrp04.txt, Work in Progress.

[91] A. Manjeshwar and D. P. Agrawal, "APTEEN : A hybrid protocol for efficient routing and comprehensive information retrieval in wireless sensor networks," in *Proceedings of the 16th International Parallel and Distributed Processing Symposium (IPDPS)*, Lauderdale, FL, USA, 15-19 April 2002, pp. 195–202.

[92] J. N. Al-Karaki and A. E. Kamal, "Routing techniques in wireless sensor networks : A survey," *IEEE Wirel. Commun*, vol. 11, no. 6, pp. 6–28, 2004.

BIBLIOGRAPHIE

[93] A. Manjeshwar and D. P. Agrawal, "TEEN : A routing protocol for enhanced efficiency in wireless sensor networks," in *Proceedings of the 15th International Parallel and Distributed Processing Symposium (IPDPS'01)*, San Francisco, CA, USA, 23-27 April 2001, pp. 2009–2015.

[94] D. E. Y. Yu and R. Govindan, "Geographical and energy-aware routing : a recursive data dissemination protocol for wireless sensor networks," UCLA Computer Science Department, Tech. Rep. UCLA-CSD TR-01-0023, May 2001.

[95] Y. Xu, J. Heidemann, and D. Estrin, "Geography-informed energy conservation for ad hoc routing," in *ACM MOBICOM*, 2001, pp. 70–84.

[96] B. Karp and H. T. Kung, "Greedy perimeter stateless routing for wireless networks," in *ACM Mobicom*, Boston, August 2000, pp. 243–254.

[97] F. Wang, Z. Wang, Y. Li, and L. Zeng, "Reliable multi-path routing with bandwidth and delay constraints," in *Proceedings. International Conference Multimedia Technology*, October 2010, pp. 1–6.

[98] L. He, "Efficient multi-path routing in wireless sensor networks," in *6th International Conference on Wireless Communications Networking and Mobile Computing (WiCOM)*, September 2010, pp. 1–4.

[99] H. Hassanein and J. Luo, "Reliable energy aware routing in wireless sensor networks," in *Proceedings of 2nd IEEE Workshop on Dependability and Security in Sensor Networks and Systems*, Los Alamitos, CA, USA, April 2006, pp. 54–64.

[100] M. Radi, B. Dezfouli, K. Bakar, S. A. Razak, and M. Nematbakhsh, "Interference-aware multipath routing protocol for qos improvement in event-driven wireless sensor networks," *Tsinghua Sci. Tech*, vol. 16, no. 5, pp. 475–490, 2011.

[101] Y. H. Wang and C. H. Tsai, "A hierarchy-based multi-path routing protocol for wireless sensor networks," *Information and Management Sciences*, vol. 19, no. 2, pp. 353–366, 2008.

[102] J. Ben-Othman and B. Yahya, "Energy efficient and qos based routing protocol for wireless sensor networks," *Journal of Parallel and Distributed Computing*, vol. 70, no. 8, pp. 849–857, 2010.

[103] L. Shu, Z. Zhou, M. Hauswirth, D. L. Phuoc, P. Yu, and L. Zhang, "Transmitting streaming data in wireless multimedia sensor networks with holes," in *MUM '07 : Proceedings of the 6th international conference on Mobile and ubiquitous multimedia*. New York, NY, USA : ACM, 2007, pp. 24–33.

[104] Y. M. Lu and V. W. S. Wong, "An energy-efficient multipath routing protocol for wireless sensor networks," *Int. J. Commun. Syst*, vol. 20, no. 7, pp. 747–766, 2007.

[105] J. Y. Teo, Y. Ha, and C. K. Tham, "Interference-minimized multipath routing with congestion control in wireless sensor network for high-rate streaming." *IEEE Transactions on Mobile Computing Mobile Computing,*, vol. 7, no. 9, pp. 1124–1137, 2008.

[106] M. Maimour, "Maximally radio-disjoint multipath routing for wireless multimedia sensor networks," in *Proceedings of the 4th ACM Workshop on Wireless Multimedia Networking and Performance Modeling*, Vancouver, BC, Canada, 2008, pp. 26–31.

[107] W. Zijian, E. Bulut, and B. K. Szymanski, "Energy efficient collision aware multipath routing for wireless sensor networks," in *Proceedings of the 2009 IEEE International Conference on Communications (ICC'09)*, Dresden, Germany, 2009, pp. 91–95.

[108] S. Roy, S. Bandyopadhyay, T. Ueda, and al, "Multipath routing in ad hoc wireless networks with omni directional and directional antenna : A comparative study," in *Proceedings of the 4th International Workshop on Distributed Computing, Mobile and Wireless Computing (IWDC'02)*, Calcutta, India, 2002, pp. 184–191.

[109] W. H. Tarn and Y. C. Tseng, "Joint multi-channel link layer and multi-path routing design for wireless mesh networks," in *Proceedings of the 26th IEEE International Conference on Computer Communications (INFOCOM'07)*, Anchorage, AK, USA, 2007, pp. 2081–2089.

[110] R. Nelson and L. Kleinrock, "Spatial TDMA : A collision-free multihop channel access control," *IEEE Transactions on Communications*, vol. 33, no. 9, pp. 934–944, September 1985.

[111] K. Jain, J. Padhye, V. N. Padmanabhan, and al, "Impact of interference on multi-hop wireless network performance. wireless networks," *IEEE Transactions on Circuits and Systems for Video Technology*, vol. 11, no. 4, pp. 471–487, 2005.

[112] K. Wu and J. Harms, "Performance study of a multipath routing method for wireless mobile ad hoc networks," in *Proceedings of the 9th International Symposium on Modeling, Analysis and Simulation of Computer and Telecommunication Systems*, Cincinnati, OH, USA, August 2001, pp. 99–107.

[113] M. Pearlman, Z. Haas, P. Sholander, and S. Tabrizi, "On the impact of alternate path routing for load balancing in mobile ad hoc networks," in *Proceedings of the 1st ACM International Symposium on Mobile Ad Hoc Networking and Computing, IEEE Press*, Piscataway, NJ, USA, 2000, pp. 3–10.

[114] L. Boroumand, R. H. Khokhar, L. A. Bakhtiar, and M. Pourvahab, "A review of techniques to resolve the hidden node problem in wireless networks," *Smart Computing Review*, vol. 2, no. 2, pp. 95–110, 2012.

[115] F. A. Tobagi and L. Kleinrock, "Packet switching in radio channels : Part ii - the hidden terminal problem in carrier sense multiple-access and the busy-tone solution," *IEEE Transactions on Communications*, vol. 23, no. 12, pp. 1417–1433, December 1975.

[116] Z. J. Haas, "Dual busy tone multiple access (dbtma) - a multiple access control scheme for ad hoc networks," *IEEE Transactions on Communications*, vol. 50, no. 6, pp. 975–985, June 2002.

[117] P. Karn, "A new channel access method for packet radio," in *9th ARRL Computer Networking Conference*, London, Canada, 1990, pp. 1–6.

[118] V. Bharghavan, A. Demers, S. Shenker, and L. Zhang, "Macaw : A medium access protocol for wireless lan's," in *ACM SIGCOMM Conference (SIGCOMM'94)*, London, 1994, pp. 212–225.

[119] K. Jeong and K. Lim, "Experimental approach to adaptive carrier sensing in ieee 802.15.4 wireless networks," in *International Conference On Emerging Networking Experiments And Technologies (CoNEXT 2008)*, Madrid, Spain, 2008, pp. 1–2.

[120] P. K. V. J. Deng, B. Liang, "Tuning the carrier sensing range of ieee 802.11 mac," in *Proceedings of the IEEE Communications Society, Globecom,*, Dallas, TX, Nov-Dec 2004, pp. 2987–2991.

[121] L. Hwang, "Grouping strategy for solving hidden node problem in ieee 802.15.4 LR-WPAN," in *1st International Conference on Wireless Internet (WICON'05)*, Budapest (Hungary), 2005, pp. 26–32.

BIBLIOGRAPHIE

[122] S. Zhang and S. J.Yoo, "Node collision recovery protocol for low rate wireless personal area networks," in *Wirel. Commun. Mob. Comput. Published online in Wiley Inter-Science*, 2010, pp. 1–15.

[123] A. Koubaa, R. Severino, M. Alves, and E. Tovar, "Hidden device problem in ieee 802.15.4 lr-wpan using cross-layer scheme with secure communication," *European Journal of Scientific Research*, vol. 76, no. 1, pp. 31–37, 2012.

[124] Q. Wanzhi, S. Efstratios, and H. Peng, "Enhanced tree routing for wireless sensor networks," *Ad Hoc Netw.*, vol. 7, no. 3, pp. 638–650, May 2009. [Online]. Available : http://dx.doi.org/10.1016/j.adhoc.2008.07.006

[125] X. Hou, D. Tipper, and J. Kabara, "Label-based multipath routing (lmr) in wireless sensor routing," in *Proceedings of the 6th International Symposium on Advanced Radio Technologies (ISART 04)*, Boulder, CO, March 2-4 2004.

[126] M. L. J. Zheng, "NS2 simulator for IEEE 802.15.4," 2004. [Online]. Available : http://ees2cy.engr.ccny.cuny.edu/zheng/pub/

[127] J. Zheng and M. Lee, "A comprehensive performance study of ieee 802.15.4," in *Sensor Network Operations, IEEE Press, Wiley Interscience*, 2006, pp. 218–237.

[128] T. Henderson, "NS-3 project goals," http://www.wns2.org/slides/henderson.

[129] J. Y. Teo, Y. Ha, and C. K. Tham, "Interference minimized multipath routing with congestion control in wireless sensor network for high-rate streaming," *IEEE Transactions on Mobile Computing*, vol. 7, no. 9, pp. 1124–1137, 2007.

[130] Y. Shyang, A. Dadej, and A. Jayasuriya, "Throughput performance of multiple independent paths in wireless multihop network." in *Proceedings of the IEEE International Conference on Communications*, 2004, pp. 4157–4161.

[131] I. E. G. Richardson, *H.264 and MPEG-4 Video Compression Video Coding for Next-generation Multimedia*. John Wiley and Sons Ltd, 2003.

[132] "Evalvid : a framework for video transmission and quality evaluation," http://www.tkn.tuberlin.de/research/evalvid/.

[133] "Video sequences," http://www.tkn.tu-berlin.de/research/evalvid/qcif.html.

[134] "MP4Box software," http://www.tkn.tu-berlin.de/research/evalvid/.

[135] J. Klaue, B. Rathke, and A. Wolisz, "EvalVid - a framework for video transmission and quality evaluation," in *International Conference on Modelling Techniques and Tools for Computer Perfomance*, Illinois, USA, 2003, pp. 255–272.

Oui, je veux morebooks!

i want morebooks!

Buy your books fast and straightforward online - at one of world's fastest growing online book stores! Environmentally sound due to Print-on-Demand technologies.

Buy your books online at
www.get-morebooks.com

Achetez vos livres en ligne, vite et bien, sur l'une des librairies en ligne les plus performantes au monde!
En protégeant nos ressources et notre environnement grâce à l'impression à la demande.

La librairie en ligne pour acheter plus vite
www.morebooks.fr

VDM Verlagsservicegesellschaft mbH
Heinrich-Böcking-Str. 6-8
D - 66121 Saarbrücken

Telefon: +49 681 3720 174
Telefax: +49 681 3720 1749

info@vdm-vsg.de
www.vdm-vsg.de

Printed by Books on Demand GmbH, Norderstedt / Germany